作者简介

陈瑞近，中国博物馆协会副理事长，苏州市文物局副局长，苏州博物馆名誉馆长，"2014年度江苏省有突出贡献中青年专家"，文博研究馆员。任苏州博物馆馆长期间，主持完成西馆建设，在2014—2016年度、2019—2021年度运行评估中苏州博物馆均获评"优秀"等次。

谢晓婷，苏州博物馆党总支书记、馆长，中国博物馆协会青年工作委员会主任委员，江苏省"333高层次人才"，文博研究馆员。2012年起多次参与国家文物局文物行业标准评审、全国博物馆定级与运行评估工作，主持策划的多项展览获评全国十大陈列展览精品奖。

许　洁，苏州博物馆党政办公室副主任（主持工作），文博副研究馆员，主持策划"苏艺天工大师系列"等特展。苏州博物馆西馆基本陈列"技忆苏州：苏作工艺馆"内容策划。

李　军，苏州博物馆学术科研部副主任，文博研究馆员，文学博士。曾主持策划"清代苏州藏家"系列特展。苏州博物馆西馆基本陈列"纯粹江南：苏州通史陈列"内容策划。

缪斯

MUSE

文库

本书由中国博物馆协会与腾讯基金会"腾博基金"资助

纯粹江南
技忆苏州

Pure Jiangnan
Memories of Suzhou Crafts

苏州博物馆西馆
基本陈列
策展笔记

陈瑞近　谢晓婷　许　洁　李　军　著

ZHEJIANG UNIVERSITY PRESS
浙江大学出版社
·杭州·

图书在版编目（CIP）数据

纯粹江南 技忆苏州 ：苏州博物馆西馆基本陈列策
展笔记 / 陈瑞近等著 . -- 杭州 ：浙江大学出版社，
2024. 11. --（中国博物馆陈列展览精品·策展笔记）.
ISBN 978-7-308-25240-9

Ⅰ. G269.275.33

中国国家版本馆 CIP 数据核字第 2024D34Z03 号

纯粹江南 技忆苏州

苏州博物馆西馆基本陈列策展笔记

陈瑞近 谢晓婷 许 洁 李 军 著

出 品 人	褚超孚
策划编辑	张 琛 陈佩钰 吴伟伟
责任编辑	马一萍
责任校对	黄梦瑶
美术编辑	程 晨
出版发行	浙江大学出版社
	（杭州市天目山路148号 邮政编码：310007）
	（网址：http://www.zjupress.com）
排 版	浙江大千时代文化传媒有限公司
印 刷	杭州捷派印务有限公司
开 本	710mm×1000mm 1/16
印 张	17.5
字 数	261千
版 印 次	2024年11月第1版 2024年11月第1次印刷
书 号	ISBN 978-7-308-25240-9
定 价	88.00元

总　序

　　在社会主义文化强国建设的进程中，博物馆扮演着中华文明优秀成果守护者、传承者与传播者的重要角色。作为博物馆教育与传播的核心媒介，陈列展览成为博物馆守护文化遗产、传承中华文明、讲好中国故事的关键工作。好的陈列展览离不开好的策展工作。策展是构建陈列展览的过程，是通过逻辑和观念的表达，阐释文物藏品的多元价值，构建公众与遗产之间的对话空间，激发广泛社会价值与文化价值的思维和组织活动。博物馆策展的理论与实践水平，很大程度决定了陈列展览的思想境界、文化内涵、艺术品位与传播影响。因此，博物馆策展的学术研究和业务能力建设是提高博物馆陈列展览工作业务水平和影响效果的重要途径；某种意义上，也是促进我国博物馆事业高质量发展的关键所在。

　　"中国博物馆陈列展览精品·策展笔记"丛书的出版，正是源于对上述问题的思考。作为我国博物馆行业发展的协调者与促进者，中国博物馆协会长期致力于博物馆展陈质量建设和策展能力提升。在持续不断的摸索和实践中，许多博物馆同仁建议我们依托"全国博物馆十大陈列展览精品推介活动"，围绕一批业内公认的具有较大影响力与鲜明特色的获奖展览项目，邀请策展团队，形成有关策展过程和方法的出版物。在不断的讨论中，我们逐渐明确：这种基于展览策划的出版物，显然不同于博物馆中常见的对于展览内容及重点文物介绍的"展览图录"，而更适合被称为"策展笔记"。

　　所谓"策展笔记"，一方面，要聚焦"策展"的行动内容，也就是要透过展览看幕后，核心内容是展览从无到有的建设过程，尤其要重点讲述展览选题、前期研究、团队组建、框架构思、展品组织、形式设定、艺术表达、布展制作等当代博物馆展览策划的核心流程及相关体会。另一方面，要突出"笔记"的内涵风格。如果与记录考古工作的过程、方法与认识的"考古报告"相类比的话，"策展笔记"则是对陈列展览的策展过程、方法与认识的重点记录。与此同时，作为与"随笔""札记"等相似的"笔记"文体，也应带有比较强烈的主观性、灵活性和较高的自由度，宜以第一人称的口吻展开，重在呈现策展的心路历程与思考感悟，而不苛求内容体系的完整性与系统性；重在提炼策展的经验、理念、亮点，讲好值得分享的策展专业理论、专业精神、专业态度和专业手法等。我们相信，这样的"策展笔记"，不但可以作为文博行业了解我国文博系统优秀展览的"资料工具书"，也可以作为展陈从业者策展创新借鉴的"实践参考书"，还可以作为普通大众的"观展指南书"，帮助他们了解博物馆幕后工作，更好领略博物馆展陈之美。

丛书第一辑收集了2019—2021年度全国博物馆十大陈列展览精品推介的代表性获奖项目，覆盖全国不同地域，涵盖考古、历史、革命纪念等不同类型。由于缺乏经验借鉴，加之展览类型的多元性、编写人员构成的差异性等，在撰稿与统稿过程中，我们遇到了远超预期的挑战。这些挑战包括但不限于：如何平衡丛书的整体风格与单册图书的个体特色；如何兼顾写作内容的专业性特质与写作表达的大众性要求；如何将策展实践中的"现象描述"转化为策展理念的"机制提炼"，充分体现策展的创新点和价值点；如何实现从"报告思维"向"叙事思维"的转型，生动讲述策展的动人细节；如何在分析个案内容的同时对行业的普遍性、典型问题进行有效回应，发挥好优秀展览的示范作用；如何解决多人撰写所产生的文风不统一问题，提高统稿工作的质量和效率；等等。幸运的是，在各馆撰稿团队的积极配合下，在专家的有力指导下，我们通过设定指导性原则、确定写作指南、优化统稿与编审机制等途径，一定程度克服了上述挑战难题，基本完成了预期目标。

　　这套丛书的问世，离不开撰稿人、专家和编辑的辛勤劳动。我们衷心感谢北京鲁迅博物馆（北京新文化运动纪念馆）、中国人民革命军事博物馆、山西博物院、吴中博物馆、扬州中国大运河博物馆、杭州市萧山跨湖桥遗址博物馆、山东博物馆、湖北省博物馆、盘龙城遗址博物院、成都武侯祠博物馆、陕西历史博物馆、秦始皇帝陵博物院、和田地区博物馆等博物馆策展团队撰稿人的精彩文本。同时，我们衷心感谢南京博物院理事长、名誉院长龚良，复旦大学文物与博物馆学系主任陆建松，浙江大学艺术与考古学院教授严建强，北京大学考古文博学院教授宋向光，上海大学现代城市展陈设计研究院执行院长李黎，西安国家版本馆（中国国家版本馆西安分馆）副馆长董理，清华大学美术学院副教授李德庚等多位学者、专家的认真审读与宝贵的修改建议。感谢浙江大学出版社董事长、党委书记、总编辑褚超孚，以及社科出版中心编辑团队的细致审校和精心编辑，他们的工作为丛书的顺利出版提供了坚实的保障。浙江大学艺术与考古学院"百人计划"研究员毛若寒博士在这套丛书的方案策划、组织联络、出版推进等方面，用力尤勤，付出良多。此外，还有许多在本丛书筹划、编辑、出版过程中给予帮助的专家、老师，无法一一列举，在此谨对以上所有人员致以最真挚的感谢和敬意。

　　严建强教授在一次咨询会上曾对这套丛书给过一个很高的评价，认为它是当代博物馆专业化建设的一个重要的里程碑。对于这个赞誉，我们其实是有点愧不敢当的。我们很清楚，丛书第一辑的整体质量还有待提升，离"里程碑"的高度存在一定差距。但通过第一辑的编辑出版，我们为接下来的第二辑、第三辑的编写积累了经验、增强了信心。今后，我们会继续紧扣"策展笔记"作为"资料工具书""实践参考书"与"观展指南书"的核心功能定位，继续深化对于博物馆展览策展笔记的属性、目标、功能、内涵、形式等方面的认知，努力通过策展笔记的编写，带动全行业策展工作专业水平的整体提升。这虽然是一件具体的事情，但对构建博物馆传承与展示中华文化的策展理论体系和实践创新体系，推动博物馆守护好、展示好、传承好中华文明优秀成果，为博物馆事业的高质量发展、为建设社会主义文化强国不断做出新贡献，是很有积极意义的。我们相信，有全国博物馆工作者的积极参与，我们一定能把这套丛书做得更好，做成中国博物馆领域的著名品牌。

　　是为序。

刘曙光

中国博物馆协会理事长

2023 年 8 月

第二辑赘言

　　自"中国博物馆陈列展览精品·策展笔记"第一辑问世以来,我听到了文博业界及学术圈同仁们不少的夸奖。一些博物馆展陈从业人员自发撰写评论,从实操与理论等层面解读策展理念,提炼专业经验。浙江大学、陕西师范大学等高校将其纳入教学过程,作为培育新一代策展人的学习资料,凸显了"策展笔记"的教育价值。微信读书以及各类新媒体平台的留言体现出"策展笔记"已成为广大观众理解博物馆策展艺术、深化观展体验的"新窗口",拉近了公众与博物馆文化的距离。不少读者热情高涨,纷纷点赞并留下评论,将之视为"观展宝典"。

　　读者的肯定,是我们编辑出版"策展笔记"的最大动力。在 2023 年 11 月第一辑刚发行之时,第二辑也进入了紧锣密鼓的撰写阶段。基于前期积累,第二辑在保持原有特色的同时,力求策展写作内容深度与广度的双提升,旨在展现中国博物馆策展实践的多元视角与前沿动态。

　　江西省博物馆的"寻·虎——小鸟虎儿童主题展",作为"策展笔记"第一例儿童主题展览,深刻揭示了策展人对儿童心理与行为特征的敏锐洞察,彰显了博物馆对儿童受众的关怀与重视,映衬出博物馆服务理念的革新与拓展。上海天文馆的"连接人和宇宙"基本陈列作为自然科学类展览在丛书中首次呈现,极大地丰富了"策展笔记"的题材与内涵。广东省博物馆的"焦点:18—19 世纪中西方视觉艺术的调适",是粤港澳大湾区首屈一指的外销画专题展览,荣获"十大精品推介"之"国际及港澳台合作奖",反映出中国博物馆策展的国际视野,亦是出入境展览在"策展笔记"中的初次亮相。值得一提的是,我们特别收录了虽未参与"十大精品推介"但承载着深厚文化内涵与当代价值、在故宫博物院举办的"何以中国"展览。我们认为，独特的时代性、典型性与代表性，使其成为不可多得的策展典范；我们坚信，其策展智慧值得广泛传播与深入探讨。

在"导览"篇章，"策展笔记"第二辑更加注重构建"策展人导览观展"的沉浸式氛围。例如，上海天文馆的策展笔记立足科普导游与创意巧思，构建出令人心驰神往的宇宙奇景，极大提升了读者的参与感与体验度。"策展"篇章的解析深度与广度也有所提升，体现出更加强烈的问题意识，在撰写个案的同时探讨普遍性议题。如"何以中国"的策展笔记首次提出了"展览观"的命题，深入剖析展览背后的策展理念与文化价值，启发策展人对展览本质的再思考。同时，第二辑还加大了对展览"二次研究"和"学理解析"的力度，对策展相关的"叙事""阐释""符号"等现象进行了学理上的深入探究，将理论成果融入策展实践，进一步提升了展览的学术性和专业度。

技术细节的呈现成为"策展笔记"第二辑的另一大亮点。如对陕西考古博物馆的"考古圣地华章陕西"主展标设计过程的全揭秘，不仅展现了策展团队的匠心独运，也让读者对展览背后的专业技术支撑有了更直观的认识。

最后，第二辑在观展与策展之间建立了更紧密的联系。在"观展"篇章，不少书稿引入观众报告，让策展工作更贴近观众需求，提升了展览的互动性与社会影响力，折射出了策展与观众的双向赋能。

"策展笔记"第二辑依然集结了一支由撰稿人、专家与编辑组成的优秀团队。在此，我们向故宫博物院、辽宁省博物馆、上海天文馆、苏州博物馆、浙江省博物馆、杭州市临平博物馆、江西省博物馆、郑州商代都城遗址博物院、广东省博物馆、中山市博物馆、广西壮族自治区博物馆、四川博物院、陕西考古博物馆等多家博物馆的策展团队贡献的精彩文本表示由衷感谢。同时，还要继续感谢南京博物院理事长、名誉院长龚良，复旦大学文物与博物馆学系主任陆建松，浙江大学艺术与考古学院教授严建强，北京大学考古文博学院教授宋向光，上海大学现代城市展陈设计研究院执行院长李黎，西安国家版本馆副馆长董理，清华大学科学博物馆（筹）高级顾问杨玲等专家学者，他们的专业审读和中肯建议对提升"策展笔记"内容质量起到了关键作用。我们还要向浙江大学出版社董事长、党委书记、总编辑褚超孚，副总经理张琛，社科出版中心编辑团队及所有参与的工作人员致敬，他们一丝不苟的工作态度与精益求精的专业精神，确保了"策展笔记"第二辑的高质量出版。我还要特别鸣谢今天在浙江大学艺术与考古学院任"百人计划"研究员的毛若寒博士。作为执行主编，他不仅协助我延续并深化了策展笔记的体例，更以其富有朝气的学术洞察力推动了丛书品质的进一步提升。此外，还有许多未被逐一提及的专家和同仁，他们的辛勤工作和专业精神对整个编撰项目至关重要，我对他们表示由衷的感谢和敬意。

　　"策展笔记"如同一扇开启多元视野的窗，亦如聚焦万象的镜头，第二辑尤为如此。它不仅展现了中国博物馆展览生态的丰富多样，更深刻揭示了策展实践背后的创新思维与理论深度。从第一辑至第二辑，这套丛书见证了中国博物馆策展领域的进步，每一页笔记都凝结着策展人对新时代博物馆的角色与功能的深邃思考。这一历程不仅是策展理念革新的实录，亦是中国博物馆人敢于探索、勇于创新精神的鲜活体现。展望未来，我们将秉持"讲好中国故事"的初心，以"策展笔记"为桥梁，不断深化对新时代博物馆使命的理解与实践，致力于通过精品展览传承中华优秀传统文化，弘扬革命文化，发展社会主义先进文化，为建设社会主义文化强国、推进中国式现代化贡献博物馆的力量。

刘曙光

2024 年 8 月

纯粹江南
技忆苏州

Pure Jiangnan
Memories of Suzhou Crafts

引 言

策展人说

2023 年 9 月 29 日，苏州博物馆西馆开馆两周年，我们迎来了第 2439385 名观众。经历了新冠疫情、延时服务等种种变化，两年的时间，苏州博物馆西馆拿出的是一份令人满意的成绩单。

举办临时展览 15 个，其中"纯粹江南——苏州历史陈列""技忆苏州——苏作工艺馆基本陈列""罗马：城市与帝国""古希腊人：运动员、战士与英雄""天下惟宁——汉代文明的四张面孔""微笑千年——青州龙兴寺佛教造像展"，先后进入"中博热搜"排行榜。

举办教育活动 1834 场，12 个"@苏博"系列品牌活动真正实践了苏州博物馆关于"博物馆学校"的最初设想。

开发文创产品 202 款，实现营业额 1626.1 万元，与大英博物馆合作开设文创快闪店……

正是有了西馆的加持，苏州博物馆在 2021 年"中博热搜"排行榜中与故宫并列第一，2022 年排名第三，2023 年第二季度排名第二。

2023 年，在第 22 届中国博物馆十大陈列展览精品评选中，"纯粹江南 技忆苏州——苏州博物馆西馆基本陈列"（图 1-1）荣获精品奖，这是苏州博物馆十年内第四次捧起中国博物馆界的这座"奥斯卡"奖杯，同时也是苏州博物馆基本陈列第一次获奖。

这些荣誉的背后，离不开苏博人十多年来的奋力拼搏和努力，也离不开苏州博物馆这十年的掌舵人——陈瑞近（图 1-2）。

图1-1　"纯粹江南""技忆苏州"　苏州博物馆西馆通史陈列馆基本陈列

　　作为现任苏州博物馆馆长，在架构这本书时，我想，我有必要采访一下我的领导——"纯粹江南　技忆苏州——苏州博物馆西馆基本陈列"的策展人陈瑞近。但是，采访一个熟悉的人是一件困难的事情，甚至可能笑场。所以这次关于策展人的"采访"以一种不见面的形式开始了。

图1-2　苏州市文物局副局长、
苏州博物馆名誉馆长陈瑞近

谢晓婷：为什么会有苏州博物馆西馆的动议？

陈瑞近：这要从 2017 年春节说起，大年初五的时候，时任苏州市委书记周乃翔（现任山东省省长）陪同领导来参观苏州博物馆。那天本馆的观众非常多，周书记就和我说，现在这个馆面积小，人流量又很大，会影响观众的参观体验，要不要给你们造一个新的馆。当时我对这个提议是有些不接受的，我对他讲，苏州博物馆的馆藏文物量比较少，再造一个馆恐怕难以支撑。虽然周书记当时没再说什么，但我想他心里肯定存下了这样的愿景，要在苏州再造一个新的博物馆。

2018 年上半年，周书记专门找我去他办公室谈建造新博物馆的事情。他和我谈到，苏州高新区原来的苏州乐园已经完成搬迁，现在计划在原地块上建造一个狮山文化广场，其中一个较大的地块规划了博物馆、大剧院和科工馆。他说原先只准备建造一个县（区）级的博物馆，但考虑之后还是认为应该把这个馆交给苏州博物馆，同时整个项目的总投资也将提高到近 100 亿元。听完书记的话，我当即表示会积极投入博物馆的筹建工作中。

正是这次谈话，让我感受到了这位市委书记对文化的深刻认识与热爱。可以说如果没有他，也许就没有这座博物馆。从他办公室出来之后，我既兴奋又焦虑。书记的重视和项目的规模对苏州博物馆来说，确实是非常好的发展机遇。但苏州博物馆总共只有 24819 件（套）的文物，可用于展陈的文物也不过五六千件。在文物较少的现实情况下，新的馆应该怎么做？这是我当时焦虑的一点。

谢晓婷： "苏州博物馆西馆"这个名字是怎么确定下来的呢？

陈瑞近：其实原先立项的时候确定的名字是"苏州第二博物馆"，到最后明确定下"苏州博物馆西馆"这个名字，有一定的曲折。

最初大家都讲是造一个苏州第二博物馆。但我其实不太接受这个馆名，因为"苏州第二博物馆"和"苏州博物馆"之间没有必然的联系，我希望能有一个比较具有关联性的名称。当时还想过"苏州博物馆高新区馆"或"狮山馆"，但讨论下来觉得格局太小了。正好当时我去参加了台北故宫博物院南院的开馆仪式，后来又听说上海博物馆东馆和北京故宫博物院北院区项目启动的消息。再三考虑之后，我想那就按照通常做法，用方位来命名，叫"苏州博物馆西馆"。这个名称经过了多次会议讨论，最终才确定下来。我想以后可能还会有东馆、南馆等等，当然这是后话。

谢晓婷： 博物馆的馆长是这座博物馆的灵魂，同时，一座新建的博物馆一定是这个馆长的精神堡垒或者气质代表，这是目前行业内的共识。作为博物馆的馆长，从接手这个项目开始，您如何思考整个博物馆的布局？

陈瑞近：市委书记和我谈过之后，几天内我就拿到了由德国 GMP 建筑事务所提供的博物馆整体概念设计方案和建筑设计方案，包括每一层的平面图。当时我的首要任务是要按照建设苏州博物馆西馆的想法，来提出设计任务。

要想给建筑师提出要求，肯定要熟悉整个建筑的形态、空间布局及设计理念等内容。所以我把拿到的建筑晒蓝图铺在办公室地板上，结合整个狮山文化广场的分布图，整整看了一个星期。从原先一点都不知道到全部熟悉起来，思考怎样的功能区域划分，也就是我们博物馆的需求。虽然建筑的概念性方案出来了，但实际上还是可以有一些改动的，所以要尽快拿出一个改动方案。

这个建筑是4.83万平方米，按照一般的做法，展陈面积为25%—30%，所以有1万—1.5万平方米的展陈面积。另外还要规划一个库房。因为苏州博物馆本馆的库房比较小，虽然馆藏数量不多，但现在的库房其实已经不能满足博物馆未来的发展需求了，所以我想要把西馆库房做得相对来说大一点。后来西馆在地下二层，去掉设备间后，总共有将近10%的建筑面积用作库房，我们以后的库房肯定需要放很多东西。

当然，除库房外更重要的是整个展览区域放在什么地方？观众服务中心在什么地方？办公在什么地方？公共空间应该怎样布置？这些问题都在当时需要考虑的范围内。

西馆建筑是由德国GMP建筑事务所设计的，是反映德国人的思维方式的一个建筑。2018—2019年，我和德国的建筑师海勒碰过好几次面，互相讨论我们之间的想法，包括我的需求以及建筑设计师的想法。虽然海勒是以"苏州古城街巷的肌理"这个理念来设计建筑的，他设计了10个棱长为25米的正方体"盒子"，然后用玻璃连廊连起来，但实事求是地讲，这样的建筑不是一个让人看了眼前一亮的建筑。不过从运营了两年多的情况看，这倒是一个让人看了以后觉得很耐看的建筑。整个建筑（图1-3）是比较实用的，因为是由25米×25米×25米的"盒子"连起来的，从室内来看是一个统一的平面，没有一根柱子，所以每个"盒子"的利用率都比较高，这也为以后的展陈设计提供了很大的便利。

图1-3　苏州博物馆西馆航拍图

当时从整个建筑的室内空间来看，我定下了一个将近 1.3 万平方米的展区。我刚刚也讲了，建筑是由一个个"盒子"连起来的，最好不要分开。

接下来需要规划的是为观众提供服务的设施和空间，包括公共空间。这个建筑最初是设计成向东开门的，为什么呢？除了德国人没有"坐北朝南"这个我们中国建筑设计常用的概念外，还有一个问题是，整个狮山广场区域中规划有博物馆、大剧院和科工馆，如果这三个大体量的文化单位都是坐北朝南的话，不太好布局。所以德国人当时的设计是朝东开门。后来我调整为朝西开门，这也和建筑设计师商量了很长时间，他非常不理解。我跟他讲我们的观众量很大，他虽然在中国也设计过几个馆，但对苏州的情况并不是特别了解。苏州博物馆的社会影响力较大，参观人数较多，特别是苏州市民对博物馆非常热爱。当我说出一年有 150 万—200 万人流量的时候，建筑师非常惊讶。

还有一个原因，如果朝东开门的话，那对观众提供服务的这一块空间就没有了。我需要有一个"盒子"用来做安检、寄存、咨询以及预约的通道。后来建筑设计师终于明白了为什么我要调整门的方向。当然我也和他解释了，朝西开门，正门口就

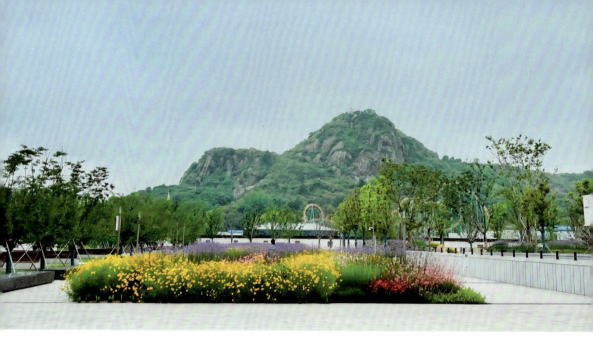

图1-4 苏州博物馆西馆"开门见山"

对着狮子山，叫"开门见山"（图1-4），他一时没明白"开门见山"这个成语的意思。这是个小插曲，更重要的是交通的流线问题。因为整个狮山文化广场地下和地铁是相连的，地铁客流通过地下空间可以直接到达地面。地铁的出口主要在西面，所以等三个馆全部建成以后，观众从地铁出来就可以直接向西面走，这样比较近，也更容易进入博物馆。去过西馆的人应该知道，现在原规划正门的那个"盒子"变成了咖啡馆。

办公区域我设置得比较少。因为本馆的办公区主要在地下，我们很多员工都说有一点不见天日的感觉。这次他们提出了一些需求——最好能够放到地面上，所以这一次办公区域放在了地面第三层。但这一层我还需要留一些临时展厅，所以西馆的办公面积应该不算特别大，也就1000多平方米。对我来说最重要的是解决展厅和库房的问题，展厅是给观众的公共空间，库房则关系到我们博物馆未来更多藏品的收藏与保管，为博物馆可持续发展预留空间。

西馆的功能布局初步定下来以后，我们听过很多专家的意见。不仅是在单位内部进行了讨论，也经过了好几轮业界博物馆馆长的讨论。

谢晓婷：其实您还是改了这个建筑的部分内容。那在建筑布局之后、展陈架构之前，我想有个很重要的事情，就是关于博物馆的定位问题。

陈瑞近：博物馆的定位，总体还是比较清晰的。

苏州博物馆本馆人流量最大的一年是 2018 年，观众流量是 318 万。要知道整个本馆的建筑面积只有 20900 平方米，展厅面积是 3600 平方米，所以馆内人流量非常大。318 万名观众中，70% 以上是外地的观众。这对本地观众来说其实不太友好，因为很难预约上，而且人流量非常大的话，体验也不太好。所以第一个定位是针对目标观众，我们需要建设一个为本地市民服务的博物馆。

第二个定位是在展览内容方面。因为本馆的展厅面积比较少，而且先前也没有足够的勇气去做一个苏州历史陈列，所以本馆的展览主要偏重于艺术性专题陈列，是用"吴"文化的一个系列来呈现整个苏州的一个展览。这对于观众了解苏州整个发展历史来讲，是有一些困难的。所以不管是人民代表大会，还是政治协商会议，很多提案都是建议建一个苏州历史博物馆。这也是市委书记的一个要求，要做一个基本陈列，讲述苏州的历史。

所以在博物馆定位方面，西馆和本馆是错位发展。我们的目标是服务本地市民。从目前运营两周年（图 1-5）的情况看，现实也达到了我们的预期。除去之前新冠疫情防控的影响，加上我们现在对人流的控制，西馆一年的观众量在 200 万人次左右，其中大概 70% 是苏州本地市民。应该说，当时的目标定位是非常清晰明确的，我们也是往这个方向做的。现在你将苏州博物馆定位得更准确，"立江南 观世界"这个词提得很好。

谢晓婷：所以，对于一座服务于本地观众的博物馆，区别于苏州博物馆本馆的苏州博物馆西馆，您在整个展陈的架构上又是如何思考的呢？

陈瑞近：13000 平方米的展陈面积，怎样把我们的展陈放进去，如何构建一个展陈体系，这是需要仔细考虑的问题。应该说，我们在这方面花了很多的精力。

图1-5　苏州博物馆西馆建成开放2周年海报

从展陈体系来讲，一般博物馆无非由三方面构成，一个是我们常讲的基本陈列，一个是常设的专题陈列，还有一个是临展或者特展。

西馆整个的展陈构架体系基本也是遵循这个思路，我们主要是要思考具体的内容应该包括什么。首先，我们肯定要做一个基本陈列，我想用4000—5000平方米的区域来做基本陈列，这个也是根据我们馆藏文物的量来计算的。剩下来的要做一个常设的专题陈列，我就考虑能否做一个儿童博物馆。因为中国那个时候还没有儿童博物馆这样一个专门的馆，大多数博物馆只是有个儿童厅或者是有一个几百平方米的为儿童服务的社教空间。然后我还想做一个特展厅，主要是做一些大型的临展。当时就想到能否做一个国际合作馆，让苏州市民能够不出苏州就看到世界上的各种文化、各种文明。后来也是讨论了很长时间，我们定下来要做世界文明史原创展览（图1-6），采取一年一展的形式。最后还

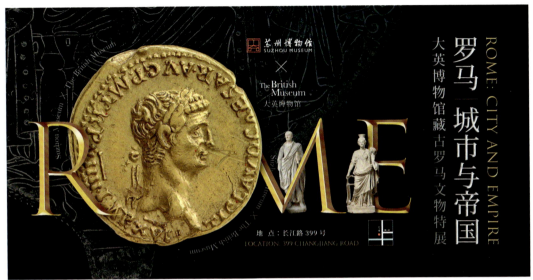

图1-6　世界文明史展览

要留一个一般的临展厅，经常做一些临时展览。

当然，关于哪些展览放在哪几个空间，也就是1.3万平方米如何划分，我们是比较纠结的。按照原先的展陈构架，我想把基本陈列放在负一层，因为负一层的整个展区是连在一起的，而且面积比较大，比较统一。

我们也专门请了一些专家共同讨论西馆的展陈构架体系。我记得当我们把展陈构架体系初步做好的时候，南京正好有一个活动，有一些博物馆馆长在南京开会，我也参加了会议，就同时"套"了一个会，我汇报了苏州博物馆西馆的建设情况，包括我们的展陈构架体系，很多专家在会上提出了比较好的建议，对整个展陈构架体系的完善很有帮助。

下一步我们就跟市委书记汇报了，那次周书记专门抽了半天时间来听我们的汇报。我记得很有意思的是，在我汇报前，周书记跟我讲：今天我是专门来听博物馆想法的，你汇报多长时间都行，不要受时间的限制，我今天半天就在这里。我当时汇报的是：基本陈列4000平方米放在负一层；第一层2200平方米用来做儿童博物馆；第二层3200平方米，一个是特展厅，另一个区域用来展示高新区的一些特色苏作工艺；第三层就是临展厅。

我大概讲了一个多小时，书记说：对每一个展特别是基本陈列怎么做……我都尊重你的意见。但是他提出，一个博物馆大家进去的时候，基本上就直接到第一层。假如第一层放儿童博物馆的话，小孩子出于天性肯定会比较吵闹，会显得不够庄重。他建议一楼做基本陈列，反映苏州的历史发展。我觉得这点非常有前瞻性，实际运营下来儿童馆确实有点闹，因为他们天性活泼。

于是我们把儿童博物馆调换到负一层。第一层和第二层的一部分做基本陈列，第二层另外一个相对独立的展厅区域做国际合作馆，第三层还是临展厅，这样，基本的展陈构架就定下来了。

谢晓婷：思考具有过程性，具体如何做又是另外一件事情。那我们回到本书的聚焦点，关于"纯粹江南 技忆苏州"部分，您当时是如何思考的？

陈瑞近：对于一个博物馆来说，展览应该是最重要的文化产品，是最能呈现出来、体现出来的一个最大的文化产品。大多数观众参观博物馆，主要通过展览来了解一个区域、一个地方的历史。这也是为什么我们每年的博物馆活动中，"全国博物馆十大陈列展览精品"是最吸引大家关注的，也是大家最努力争取的一个奖项。不管是国家级馆、省级馆，还是县（区）级、社区的博物馆，展览是沟通观众与博物馆的桥梁，所以建立一个比较完善的、有效的展陈体系或者展陈构架，是我们必须考虑好的，而且是非常重要的。

虽然展陈体系是动态的，不可能一成不变，但基本陈列肯定是相对固定的。每个馆都有特定的使命要求。国家级馆肯定是做中华文明，省级馆可能是反映区域的文明。像苏州博物馆，肯定要展现我们苏州区域的发展历史，这是我们的一个重要使命。对于基本陈列来讲，我们讲述的角度有可能是不太一样的，比如说基本陈列要注重突出我们地域的文化特色，从而凸显苏州的地域文化是中华文明形成发展"多元一体"格局的一个方面。

那么常设的专题陈列，肯定是要以某一主题、以我们馆藏的一个特色来打造出自己的一个品牌，这也是常设展览的一部分。临时展览就不一样了，题材会比较广泛，可能是社会的热点，能提升博物馆影响力，或者是能提升博物馆综合效益，这种展览更能够贴近社会生活。到目前为止，基本陈列在我们国家讲述的角度主要分为三类，一是从文明史的角度，二是从历史文化的角度，三是基于人类文化学的概念。苏州博物馆西馆的基本陈列应该还是从文化史的角度来讲述。

基本陈列是博物馆一个长期的文化产品，它是我们主展厅的主体。一般来说，馆长也好，工作人员也好，能够做一次基本陈列是一件幸事，也是最能锻炼人的。因为基本陈列 5 年或者 10 年都不太会有较大的改动，也能集中体现一个博物馆最基本的性质，最能反映整个馆的核心宗旨。这个展览，需要构建能够契合我们苏州博物馆定位的产品体系和内容体系，投入的经费也多，需要有研究力量的支撑，不管在内容观点还是在陈列设计方面，都要经得起相对长期的考验。所以对于基本陈列，我们的考虑是最多的，投入的精力是最大的。

博物馆作为一个公共文化服务机构，最大的文化产品就是展览，展览就像一座桥一样能够建立观众与博物馆之间的联系，也把观众与不同的时空、不同的文化、不同的社会连接起来。那么怎样才能做一个既叫好又叫座的展览？这当然有很多的解释：有人说看着不累；有人说简单而有美感，高雅但不深奥；有人认为轻松有趣但不浅薄或者媚俗；等等。对一个博物馆展览的评价，是我们在做展览之前就要考虑的。做一个展览，无非先要做内容设计，然后再开始做形式设计。内容为王，这是肯定的。内容就像皮一样，而形式是毛，没有皮，毛也就不存在了，所以内容是非常重要的。

谢晓婷：很多人都会很好奇，苏州博物馆的馆藏能否支撑起"苏州通史"这样一个展览，这个问题您是如何解决的？

陈瑞近：做苏州历史陈列，我们首先启动的是内容设计。内容设计说简单也很简单，就是苏州历史，而且这个历史又不能重新改写。所以最重要的是，如何既全面又突出重点地来讲述，如何让观众在一个多小时的参观时间中，通过看这个展览来了解苏州历史，而且还要让他有兴趣地看，最好看了以后对他能有一些启发。这样展览才能更好地发挥教育作用，产生更好的传播效果。因此，虽然这个展览的主题已经确定了，我们还要从展览定位、内容策划、展品选择以及学术支撑等方面来通盘考量。

一个好的苏州历史陈列应该具备以下几个要素：首先要与苏州的地域文化或者苏州的气质相符；其次要能通过文物与文物之间的关系来突出展览的个性；最好能够与现实相联系，或者是很有趣，能够满足不同观众的兴趣点，激发观众看下去的热情。一个能够引人入胜的展览，不一定非得有价值连城的"国宝"，但背后有故事的文物一定是必不可少的。为什么选择这一件或者这几件组成一组展览，不仅仅是出于类型学、年代学的考虑。其实展览跟电影一样，要让观众看了之后有起伏感，要能够看出重点，看出关联。只有充分考虑文物之间的关联，恰到好处地反映文物的组合，让整个展览一环扣一环、一步进一步地演绎，才能够复原出一个鲜活的苏州历史图景。

基本陈列的内容设计首先要确定一个叙事方式。叙事方式不管是线性还是非线性的，它一定有一个内在的逻辑关系。但是我们的基本陈列有一个客观的问题，它的展厅分成两个区域，一层有 2200 平方米，二层也有 2200 平方米，所以从建筑空间分布上来讲不是整体的，是分成两个区域的。两个区域往往会让观众在参观的时候缺少连贯性，可能看了一部分断掉了，然后再上一层楼跑到另外一个区域看，就会有点不适感。此外，我们的基本陈列确实也局限于文物，因为不管你怎么讲故事，展览最终还是要用文物说话，而文物的局限性比较大。

基于这两点，我们的叙事方式就分成了两部分。第一部分是断代史，从史前文明一直讲到辛亥革命，这一段放在一层。原先也考虑过是不是从另外一个角度，而不是史前文明、夏商周，然后战国、秦汉、三国、两晋南北朝、隋唐等这样一个断代史的角度。但是我们考虑了很久，觉得假如不按年代来做，用几条线索来反映的话，会让观众看得比较痛苦。因为你不能期望每一个观众都对苏州历史非常熟悉，所以我们最终还是决定这部分基本陈列从文化史的角度，用比较传统的叙事方式来讲苏州的历史。另外更重要的是除了吴国这一段历史外，应该说宋以后苏州的经济文化艺术等在全国就已经很有影响力了，相对而言这是苏州历史中比较辉煌的一段。所以我们想把二层的叙事方式改变一下，又开始从宋代讲。用什么方法来讲？就用苏作工艺来讲。因为苏作工艺特别能够代表苏州人的群体性格。当然苏作工艺的发展肯定不是始于宋代，但我们觉得从宋代开始，苏作工艺进入发展期，到明清时达到了顶峰。这也是我们从宋代开始讲的依据。因此西馆基本陈列的叙事方法可能跟大多数博物馆不太一样，它既是一个连贯的讲苏州历史发展的基本陈列，又包含两个相对独立的展厅，观众可以看完一个展览再去看另一个。苏作工艺厅虽然也是基本陈列，但是能够独立存在，就像电影中的第一部与第二部一样，你可以看了第一部再去看第二部，但是你单独看第二部也能感觉到它是相对独立的，这就是我们对苏州整个历史叙事方式的设置。当然，我们也希望有些观众在看的时候，如果时间比较短的话，能有一个简约的参观路线可选择，所以我们在空间布局的时候，专门设计了一个中心独立柜参观模式。假如说不看靠墙的那些通柜展品，对中心独立柜进行快速浏览，也能够了解整个苏州的发展简史。

整个展览除了断代史外，还分三条主线来讲述。首先肯定是历史，因为苏州最早有人类活动的考古材料，是 1 万年前在三山岛上人类活动的遗址遗迹，所以要讲苏州 1 万年的历史。其次，苏州的城市是比较特别的，苏州古城建成2500 多年，一直没发生过较大的改变，所以要讲一下苏州 2500 年的城市发展历史。还有一个比较吸引人的方面是，对于国内外的观众而言，苏州人有着温文尔雅的群体性格。大家对苏州的了解，可能都是从昆曲、评弹、园林、玉雕、木雕、刺绣、香山帮、古琴开始的，觉得苏州人生活得比较精致、比较文雅、比较秀气。但是苏州人的群体性格最初不是这样的，所以我们想从"苏州人怎么从尚武到崇文这样一个群体性格的演变"来讲。最终讨论的结果是，用"城—史—人"三条线索来反映整个苏州的历史。

在内容设计的部分，我们根据苏州的历史设计了 4 个部分。当然这里不算前言，前言肯定是我们每一个展览都需要做的，而且前言也有前言的要求。第一部分是上古华章和吴风越韵，第二部分是秦汉经营和隋唐雄州，第三部分是千年往事和人间天堂，第四部分是繁华都会和世间乐土。

整个内容设计由我们馆的李军博士来做最初方案，后来又邀请了复旦大学的魏峻教授进行整个内容设计文本的写作。之后我们邀请了博物馆界、苏州历史研究、地方志等各个方面的专家来进行论证，他们提出了很多很好的建议，这样才形成了最后的文本。当然，这个文本也考虑到了空间的布局。因为我们一层的 2200 平方米加上二层的 2200 平方米，主要是由 5 个"盒子"构成的，所以在进行内容设计的同时，其实我们也在跟形式设计团队进行沟通，把观众动线同步纳入考虑。为什么我们最终不分成 5 个单元而是分成 4 个单元来做，就是考虑到观众动线的问题。

这 4 个单元文本出来以后，最终要让它变成展览，让形式设计单位能够搞明白，我们还要编一个"剧本"。前面写"小说"那是一个稿子，但是要拍成电影还需要将"小说"改编成一个"剧本"，所以编剧非常重要，要把每一段的每一个部分、每一个单元列出来，同时每一个单元又有自己的重点展项，这个重点的展项，就是在苏州历史上很重要的，比如重要的事件、必须讲述的内容，政治、经济、文化、艺术、科技等的发展肯定也要一并考虑。

每个部分、每个单元、每一章节假如都用一个重点的展项来讲述的话，也涉及详略的问题。比如，新石器时代的遗存在苏州是比较多的，但是从良渚时期一直到东周之前，这一段历史遗迹比较少，我们称为马桥文化时期，不管是史书记载还是考古发现，这一段历史都不是特别的清楚，所以我们会有意地弱化这个部分，进行比较简要的叙述。

第一部分的第二单元中间，我们主要是讲吴国的崛起，因为在苏州的历史发展上，吴国是一个非常重要的政权。所以我们讨论下来，要把吴国的发展历史讲清楚。到了秦汉以后，虽然当时已经有郡县制度，但总体来说从汉代到隋唐这一段时间，苏州不是政治中心也不是经济中心，所以我们就引述了几个在苏州历史发展上比较有名的展品，特别是在三国时期，苏州作为东吴比较重要的统治区域，以及到了隋代，开始有"苏州"这样一个名字出现。

谢晓婷：具体展品是如何选定的？
陈瑞近：虽然我们只有 24819 件文物，但全面梳理一遍也需要比较长的时间，特别是还有很多可能不适合展出的文物，或者说是可看性不强的，我们也要把它们全部过目一遍，所以这是比较大的工作量。

在做这个工作前，我们单位内部组织了若干小组，其中由保管小组来提供全部展品的清单，要求尽可能地提供最全的目录，然后由西馆筹建小组负责内容和形式的同事与小组成员一起讨论，哪些文物能够放在展厅中。当然除了保管小组外，我们还有很多小组，比如社会教育小组、文创小组、特展馆小组等，各个小组各负其责。因为我要求尽可能多，所以当时保管部提供的各类文物有6000多件，然后对照各个单元内容进行配置。

文物配置的时候还是很痛苦的。因为第一部分史前文化、旧石器时代和新石器时代，我们虽然有一些东西，但比较好的、重要的文物都分散在中国国家博物馆、南京博物院、吴中博物馆等其他博物馆，所以不太容易，当然最终我们还是支撑起了展览。另外，吴国这一段时期的文物应该说也是比较少的，但是这段历史非常重要，必须讲述。所以我们选了吴国中间的几个故事，用现代艺术的手法来讲吴国历史上发生的几个著名事件。这里面有一个非常重要的展品，就是吴王夫差剑（图1-7），这也是前几年我们征集到的一件重要文物。另外，吴王余眛剑（图1-8）也是现在展厅中比较受追捧的文物，但是别的除了真山墓出土的文物（图1-9）外，就都比较少了。

前面也讲过，在相当于中原时期的夏商这一段时间，我们的文物非常少，所以在配置的时候，我们尽可能把收藏的哪怕是可看性也许不强的文物也配置在里面。汉以后，我们的文物相对来说比较多。在汉到唐这一段时期，我们重点讲的是三国（图1-10）。因为汉代苏州不是特别重要的区域，所以地下出土的文物相对来说是比较普通的，虽然能够反映它的历史，但可看性和重要性不太强。因此我们一边配置文物，一边也在对各个重要段落进行重新梳理。最后讲述这段历史的时候，我们基本上是用了一个展柜，也就是一组文物，通过一组文物之间的相互关系来讲述这段历史，这样就弥补了我们所讲的文物可看性不强的缺陷。到了唐代、元代，我们用黄泗浦遗址和樊村泾遗址新出土的文物（图1-11）

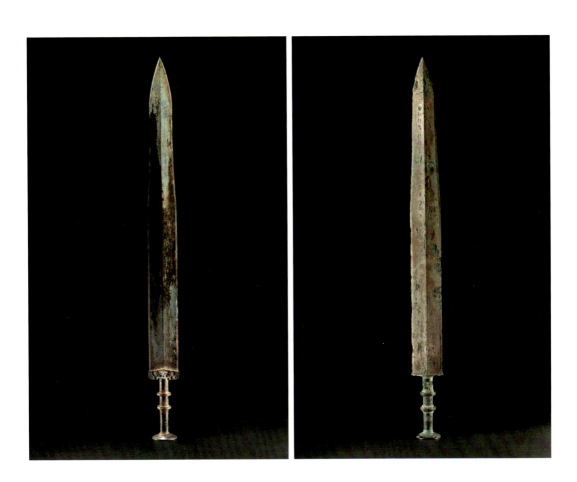

图1-7　吴王夫差剑（左）

图1-8　吴王余眛剑（右）

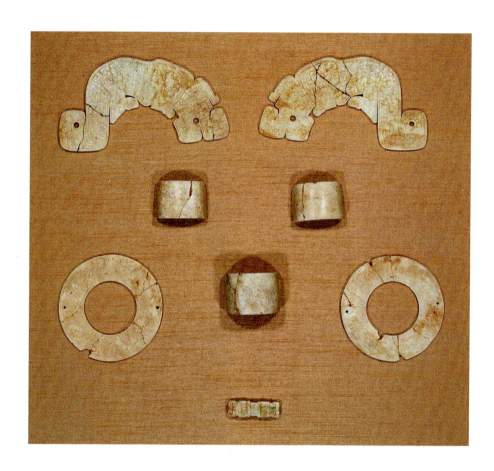

图1-9　真山墓玉殓葬饰件

图1-10　三国墓葬元素复原场景（上）

图1-11　黄泗浦遗址文物展柜（下）

来证明海上丝绸之路的繁荣，当然，黄泗浦遗址主要讲的是鉴真东渡的故事。

宋以后，文物相对比较多，这就需要我们去挑选。比如说《平江图》、宋代以后的经济发展等我们所要重点表述的地方怎么来讲。宋代更重要的还有府学。其实苏州从尚武到崇文性格的转变是逐渐形成的，不是到了宋代突然转变的。我讲几个方面的原因：一是气候的变化，唐宋以前，苏州潮湿多雨，洼地河网密布，不太适合于农耕。到唐宋以后，苏州逐渐变成了一个适合农耕的地方。第二，北方的战乱比南方要多，所以在中国历史上发生过几次大迁徙。在东周晚期，就有一次大规模的人口迁徙；南北朝时期往南方迁的人也多；唐代"安史之乱"以后，更有大批北方的精英迁到了南方；宋代的时候，特别是南宋退居临安之后，很多人就迁徙到苏州这一带；同时，大运河全线贯通也有利于人口迁徙。在这几方面原因的综合影响下，苏州整个社会风气慢慢地都从尚武偏向于崇文。这也是我们从宋代开始讲苏作工艺的一个比较重要的原因。从府学到人文，包括文学、绘画等，特别是明清以后，我们主要是从整个经济发展、文化繁荣等方面去讲述，文物配置就相对容易。

在整个城、史、人三条主线中，我们讲的"城"是2500年的苏州城市发展，其实就融在从公元前514年伍子胥建阖闾城开始，一直到清代以后的讲述中，包括苏州古代城址的变迁，这个里面一直在体现这条线。这一条线不仅仅用文物来表述，也用文字和地图的形式来表述。

谢晓婷：展览题目叫"纯粹江南"，是一锤定音吗？

陈瑞近：展览题目也是经历了很长时间才确定的。西馆在建设的时候，各种各样的论证会和研讨会开了大概不下200次，其中有很多次是专门讨论展览题目的。一开始我们把整个历史陈列叫"天下苏州"，大家都觉得很大气。但专家们经过对这个题目的多次讨论，觉得不是特别好，因为会和别的地方重复，所以后来又有了"姑苏赋""领秀江南"等几十个题目，并且我们在单位内部

图1-12 "纯粹江南"展厅入口处标识

也发布了一次征集基本陈列题目的公告，收集到了 20 多个题目。

　　最终还是选择了"纯粹江南　技忆苏州"这样一个题目，这也是在开馆前的两个月才定下来。当时我被逼得实在没办法，有一次晚上睡不着，还在想这个问题，脑子里突然冒出了"纯粹江南"的题目（图 1-12），后来大家讨论以后觉得还不错。"纯"主要是表示比较好的精良的丝绸，"粹"就是比较精密，也包含了苏州作为鱼米之乡的意义。再说，"江南文化"这个概念现在用得比较多，苏州应该是江南文化的一个核心地区，我们讲纯粹的江南也包含了苏州是核心区域的含义，所以最终用了这样一个题目。

谢晓婷：我们的基本陈列还有一部分，是展示苏作工艺。苏州在这方面是很强的，特别是明清两代，谈谈您在苏作工艺陈列上的思考吧。

陈瑞近：苏作工艺的部分，时间跨度上从宋代一直到现当代，主要围绕苏作工艺的发展之路和取得的成就来讲述。苏作工艺应该说并非美在一事一物或者是一元一载，而是美在其所蕴含的文人的审美情趣、匠人精神的延续、历史文化的积淀。时至今日，无论时尚的风向如何转变，苏州人对美的体验、美的认知，依然带着苏州特有的文化印记，不断地传承和发展。这就是我们对整个苏作工艺一个总的表述了。这一块其实也是放在整个基本陈列中来表现的。通过苏作工艺的美感，来体现我们苏州的人文精神，是讲述苏州人群体性格形成的一条线。

整个苏作应该说是属于"非遗"类的，但"非遗"有很多门类，苏州"非遗"共有十一个大类。我们这一次不是完全按照"非遗"门类进行展示的，比如我们没做昆曲、评弹等口述类的项目，包括民俗也没做，我们主要用工艺美术类的展品来反映。整个工艺美术类的十一大门类，我们分成了 3 个部分来说。

第一部分是"雕玲珑"，主要呈现玉雕等雕刻类的东西，有玉雕、竹木牙角、扇子、砚台、髹漆以及核雕 6 个单元，讲述匠人的雕工（图1-13）。第二部分是"琢绮丽"，主要包括金属类的一些制品，有民族乐器、桃花坞木版年画，还有鸟笼、泥塑、蟋蟀盆，以及石雕、金砖、家具等几个部分（图1-14）。第三部分是"绣华彩"，就是讲刺绣、缂丝、宋锦等我们苏州最有特色的部分（图1-15）。刺绣方面主要讲刺绣的历史与它的传播交流情况，同时从用线、工序、针法以及传奇绣娘等角度全方位展开。缂丝方面主要讲缂丝的发展和做法。宋锦方面主要讲宋锦的发展历史和纹样类别。

就内容设计而言，苏作工艺这一块是比较简单的。难是难在它的体现形式，有些展品比较小，展示的效果不是很好，但是它其实又非常精致，这是我们当时紧接着就要考虑的问题。

图1-13 "雕玲珑"部分展厅（上）

图1-14 "琢绮丽"部分展厅（下）

图1-15　"绣华彩"部分展厅

谢晓婷：为何会想到把苏州工艺美术博物馆成建制并进苏州博物馆呢？

陈瑞近：苏作工艺我们是从宋代一直讲到现当代发展，在文物的挑选方面存在着一个问题，这个应该与大多数博物馆一样，新中国成立以后的东西不作为藏品来收藏，所以苏作工艺在新中国成立以后的一些发展，基本上苏州博物馆没有相关藏品能够体现。因此在建造西馆的时候，我曾经和周书记讲过，苏州博物馆的苏作工艺在新中国成立前，特别是明清时期的藏品还比较丰富，但新中国成立以后的藏品比较少，希望能够把苏州工艺美术博物馆成建制地合并进苏州博物馆，把它们的 4600 多件藏品加上人员全部合并入苏州博物馆（图1-16）。后来在周书记的大力支持下，解决了藏品问题。虽然"技

图1-16　苏州博物馆西馆外立面墙logo

忆苏州"部分内容设计相对简单，但从现在受观众欢迎的程度上来讲，一点也不逊色于通史馆。

谢晓婷：苏州博物馆，不论本馆还是西馆，不论是建筑还是展陈布置，让人联想到的一直是"苏州"二字，可以说，苏州博物馆把这两个字发挥到了极致，在这一次展陈设计上，您是怎么考虑的？

陈瑞近：展览的形式设计，第一要求是美感，丑的展览是没人喜欢的。博物馆的功能中，教育是第一位的，其中美育又是重点。吴冠中先生说过，"我们国家文盲不多，美盲很多"。

首先要关注细节。举个例子，所有排风口、灯光、烟感报警器以及我们所有的设施设备，只要是在顶上布置的，都必须做成一个集成带（图1-17）。如果零零散散地铺在顶上，那样展厅的顶就会比较凌乱。做成一个集成带的话，看上去统一漂亮。我也不喜欢顶上还有裸露的管道，于是就用一些格栅来遮一下。顶原来是黑的，黑色我不是特别喜欢，所以还是把顶变成了白色，这样视觉效果也比较好。

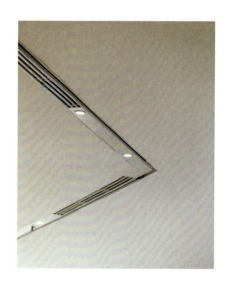

图1-17　展厅顶部集成带

　　其次，展览中的色彩是比较重要的。在色彩的控制上，我们也进行了充分的讨论。我们在讨论展厅主色调的时候，有展陈方面的专家提出来，苏州的主色调是什么？这个我们也讨论了很久，后来有专家说用秋香色，问题是这个颜色是个什么颜色？它的色值是多少？一直没定下来。最终，因为整个建筑的外立面跟室内的空间装修都是一种浅灰色的基调，所以我们以白色和玫瑰金为主色调来做。我们也对每个展柜进行了色调的控制。我们希望每一个单元除了主色调外，也有一个色调的变化。以通史馆为例，从史前的蓝色调逐渐变为最后明清时期比较轻快的天青色的色调。除了展柜的配色，我们对每个展柜的柜内都进行了专门设计，陈列架也进行了特别的布局，使每个柜内都极具美感（图1-18）。

　　当然还有一些如地坪的考虑，关于用什么材料做地面有过多次争论。有的说使用外面公共空间的石材，这样有利于统一；也有的说要有区分，应该用另

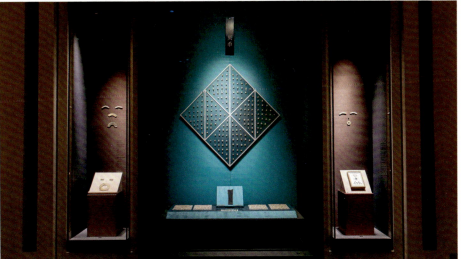

图1-18　通史馆展柜图（组图）

图1-19 展厅所用长条形木地板

外的石头，或者用比石头便宜但质量好一点的塑胶来做。但是我最终还是选择了用橡木色的木地板来做地坪。因为苏州博物馆本馆所有的展厅都是橡木色的，我希望两馆间有一个延续性。第二个我希望展厅的整个色调相对来说是比较明快的。因此，我否定了展厅里面用石材这样比较硬、比较暗的材料。当然我也希望展厅能体现出博物馆的温情，而木地板（图1-19）是最能显示出我们展览氛围的。

采用模数设计的方式，选用木地板的话在最终施工的时候非常困难。因为试了一部分之后，觉得木地板用模数设计的话会显出纹理中间的纹路颜色，整个花纹太花了，很多观众走进来，最先注意到地板图案的变化，很有可能会分散观众的注意力，所以最终我们还是采用了长条形的地板来进行模数设计。

开馆之后很多观众还在微博上@苏州博物馆，问为什么要选用木地板，是不是跟地板商有什么勾结。他们的意思是说，现在博物馆展厅中用木地板是非常低级的一种做法，但是从目前的运营情况来讲，木地板呈现的效果应该是好于任何材料的。

谢晓婷：我们知道苏州博物馆本馆的建筑，贝聿铭先生是采用了模数的，您刚刚谈到西馆的展陈设计也是？

陈瑞近：是的，我们提出了整个设计的构思方案，要用模数化的设计来做。最基本的一个模数基数是 23，那么为什么展厅会用 23 的模数来设计？秦王朝统一以后，推行书同文、车同轨等统一制度，其中规定了 1 标准公尺约合今天的 23 厘米，所以我们就选用了 23 作为模数的基础，来象征着统一以及天下，因为刚刚我也说过，当时展览的名称叫"天下苏州"（后来改为"纯粹江南"）。

这样的一个模数化设计，就会让整个展厅对仗比较工整，有序中不失变化，方角中更显圆润。23cm、46cm、92cm 加上 65.1cm 这样的考虑，是因为我们的每个展厅是 65mm×651mm，这样对角线是 920mm，那么用这样的一个 46cm、23cm 倒推过来，也正好这样做。不过模数化设计更重要的是，施工的要求比较高，因为每一条线都要按照模数来计算，所以施工会比较困难。

谢晓婷：这次在十大陈列展览评选时，有专家提出了灯光问题，请再具体讲讲。

陈瑞近：这里有一个关键点是氛围的营造。现在应该有很多博物馆都会这样：把整个展厅封闭起来，然后用设计好的灯光来控制展厅的氛围，这样可以营造一个舞台的戏剧效果。好处就是让观众进来以后可以把注意力集中在文物上，但整个展厅会显得比较昏暗，所以缺点就是很多观众进来以后有一种压抑感，观众较多的时候，空气也会很浑浊，容易让观众产生疲劳感。

在这方面我们尽量用一种突破传统的做法，采用了把自然光跟人工光的艺术设计相结合的方式。如果把我们的 10 个"盒子"用玻璃连廊连起来的话，每个展厅有 2 扇大的门，就会有自然光漫射进来。在论证会上有专家提出来，要把这些自然光封起来，不能让它进来，因为假如自然光进来的话，会影响室内的灯光设计效果。但是经过了多位专家的讨论，我最终还是采纳了要用自然光的观点。因为假如封起来的话，整个玻璃连廊的建筑结构就会被破坏掉。而且我也不希望整个展厅显得比

图1-20 苏作工艺厅灯光效果

较沉闷。像刚刚讲的，展厅要明快一点，现在大家都希望在参观的时候有一个轻松愉快的氛围，这也是我们讨论时争执的一个点。从目前的效果来讲，通史厅里面的灯光整体设计是明快的，但相对来说显得稳重一点。苏作工艺厅灯光很亮，更显唯美的效果（图1-20）。

灯光很亮再加上自然光漫射进来的话，就会和文物保护的要求产生一定的矛盾。我记得当时召集各部门讨论方案的时候，文保部门提出说，我们展厅中有机质文物比较多，特别是在苏州工艺厅中，而有机质文物很容易受到自然光中紫外线的影响。我要求团队在处理灯光时必须考虑文保方面提出的问题，但是不能够受以前"高于50lux就会产生影响"这样一个推断的影响，因为现代科技已经可以让灯具对文物更安全。我要求他们对现场进行测试。测试下来，现在的灯光虽然是亮了，但其实紫外线的度数不是很高，这是一个关键；另外，所有的灯光设计，除了柜内灯光外，还有普通的照明灯光以及顶上的射灯，所以我对我们整个展厅的顶的处理是有一定要求的。

图1-21　展厅通柜使用的大块低反射玻璃

　　谢晓婷：我在小红书上看到很多的观众在说展览的柜内设计很好，而且拍照也不反光，这次在展陈硬件上面也花了不少功夫吧？

　　陈瑞近：我们对展柜提出了很高的要求。在通史厅里面，我们要求展柜的玻璃、大通柜的玻璃必须是整块的，不用拼装的玻璃组成，而且要用低反射率的大块玻璃（图1-21），这为造价的控制以及后期施工带来了很大的难度。所以很多观众在通史馆中拍照或者看东西的时候，没有一条玻璃拼缝来影响。我记得在施工的时候，运进来的第一块大玻璃就价值12万元，不小心被碰了一个角，整块玻璃就废掉了，不能用了。

　　谢晓婷：整个展览策划或者博物馆建设中有什么经验教训吗？

　　陈瑞近：博物馆的建设，一定是博物馆人起主导作用，虽然现在的规定必须是代建，但完全变成交钥匙工程，肯定会产生很大的问题，严重的可能都无法使用，毕竟隔行如隔山。展览不能直接扔给展陈公司，开个文物清单，一了百了，这样做出来的展览肯定没有灵魂（没有贬低展陈公司的意思）。从内容设计到形式设计的把握，一定是博物馆人来主导。刘曙光理事长曾经说过，我们博物馆不能变得"展览无能"——不会做展览，什么都让展陈公司来做。很多展览都很相像，因为都是一个公司的作品。

展陈施工阶段，需要博物馆人经常在工地上。但现在的博物馆建设中，很多展陈都是单独的一个标段，所以和公装部分界面的划分一定要清楚，否则就会出现空档。在施工过程中，我们也有一点点经验教训。原先的建筑层高是 6 米，设备安装层高度应该在 1 米到 1.2 米之间。然后在施工过程中，整个工程因为受新冠疫情防控影响而进度缓慢，后来在抢进度的时候，各个施工单位就按照自己的做法来做，设备层有很多设备都侵占了下面展陈的空间，最后整个设备层将近 1.5 米。这样的话原先的展陈设计方案就出现了一些问题，实际展示跟图纸发生了一些偏差。所以这也是一个经验教训，施工的时候最好不要抢工期。抢工期会带来很多方面的问题。包括我们公共空间部分，因为要抢工期，在地坪没有完全干透的情况下就铺上了石板，最后各个缝之间还是有泛碱的现象，需要很多年才能消除掉。

博物馆的展览相对于建设工程较为特殊，具有一定的艺术创作性，展览造价可高可低，按照财政部 2015 年的文件，每平方米造价为 8000—14000 元。做估算时要按照最高价来算，预算不能超过估算，招标金额不能高于预算，结算时不能超过招标金额。展览工程较为特殊，从方案到实际呈现，可能发生一些变更，这些变更很可能无法结算，特别是招标时采用政府采购，根据《中华人民共和国政府采购法》（简称《政府采购法》）中变更不能超过 10% 的要求，超过部分将不被承认，会产生纠纷。因为变更往往是现场情况发生了变化，博物馆方要求的，所以在方案设计时，特别是出施工图时，要细之又细，要有前瞻性的考虑，才能避免发生问题。譬如，"技忆苏州"织绣厅的天花板设计是纯黑色的，因为织绣类的展品本身色彩就很丰富，所以用黑色来压一下，突出展品的色彩。但是真正做好了以后，我发现方案效果图很好看，实际现场效果很差，故决定更改设计方案，换成用玫瑰金的布匹型条状格栅来做顶部的

图1-22　技忆苏州"绣华彩"部分展厅顶部设计

设计（图1-22）。那时离开馆只有不到 7 天的时间，时间非常紧张，赶在开馆前完成了设计更改后，现场效果非常好。然而问题来了，根据《政府采购法》，这个更改不能纳入结算范围，30 万元的费用没法结算。最后，经过一年多时间不断与相关部门沟通，以区政府出会议纪要的形式才解决此类问题。

　　2023 年的暑假，苏州博物馆又迎来了观众参观的高峰，在克服重重困难的前提下，我们启动了延时服务（图1-23）。文化如水，润物无声。一个好的博物馆能够起到凝聚共识、构筑精神价值的重要作用，我们希望通过延时服务，进一步提升公共文化服务的"成色"（图1-24），为擦亮城市美好生活的文化"底色"贡献苏博力量。每当行走在西馆的展厅里，看见一批批观众在展厅里行走、驻足、拍照、欣赏，我内心的自豪感确实是油然而生的。我想，一本策展笔记留给读者的不仅仅是一个展览的总结，更是一个过程，虽然，一直是未完成时。

图1-23　延时服务期间观众在展厅参观（上）
图1-24　观众在苏州博物馆西馆展厅参观（下）

技忆苏州 纯粹江南

Pure Jiangnan
Memories of Suzhou Crafts

一、"展"释姑苏

苏州是中国首批 24 座历史文化名城之一。早在 1 万多年前，太湖的三山岛就已出现了光辉灿烂的旧石器文化。新石器时代，马家浜文化、崧泽文化、良渚文化前后承继，太湖东岸成为中华文明的摇篮之一。商代末年，泰伯奔吴，为吴地带来了先进的中原文化。此后，吴国在此立国。吴王阖闾时期，兴建了吴大城，吴国也渐臻强盛，最终北上称霸。秦汉时期，今苏州地区被纳入统一王朝的治理，经过孙吴政权的经营和东晋、南朝的发展，到唐代中叶，苏州已经成为中国的经济重镇。宋元时期，苏州的经济文化得到长足发展。到明清时期，苏州的发展水平已臻历史巅峰，成为全国著名的经济和文化腹地，影响直至今日。晚清至民国时期，苏州逐渐从传统走向现代。

如此光辉的历史华章值得好好向世人展示。自 1960 年苏州博物馆建立之初就已经计划筹备一个通史基本陈列，用以全面梳理与展示苏州历史，可惜受限于诸多因素而未能实现。等到 2006 年贝聿铭先生主持设计的苏州博物馆新馆落成，才专门辟出四个以"吴"字开头的基本陈列来展出吴地数千年的历史与文化，但本馆基本陈列大略以时间为序，却并不十分明显，呈现出的效果似乎主题性更强，更像是一个中国古代艺术的分类展示。而苏州本地群众与外地游

图2-1　"纯粹江南"基本陈列入口

客，一直有在表达自身需求，他们想要一个可以全方位了解苏州万年历史的基本通史陈列。

　　因此，早在2018年春，苏州博物馆西馆筹建之初，为了满足人民群众日益增长的文化生活需求，市政府和博物馆便决定在西馆地上一层辟出通史馆，用以展出古代苏州从太湖三山岛旧石器文明，一直到1911年辛亥革命之间1万年的光辉历史。从文物出发，来解读苏州，解读江南（图2-1）。

　　于是，在2018—2020年两年多时间里，苏州博物馆西馆建筑逐渐成形的同时，撰写修改"纯粹江南"展览大纲，挑选展出文物，与专家论证、形式设计相互穿插，各项工作在紧锣密鼓地推进。最终，确定了大纲文本"一、二、三、四"的架构体系。

一即一条主线，"锦绣江南"展陈以苏州城市气质变化——从尚武到崇文为主线展开叙述，无论是内容还是形式，都围绕这一个中心。

二即繁、简两条参观路线，在总参观路线不变的前提下，可选一条精简路线，选择精品文物参观，观众用 30—45 分钟的时间便可看完整个展览，了解苏州万年简史。如果时间比较充裕，又想细致了解苏州的历史，则可逐一参观展线里所有感兴趣的文物和相关辅助展品。两者主要的区别是参观时间的长短、观赏文物的多少、了解历史的深浅，展厅文物总数在 1200 件左右，选择精简线路能够观赏的文物为 100—150 件。

三即三个维度，展陈叙事分为"城""史""人"三个维度。顾名思义，"城"即城市，表示空间线索，主要揭示苏州城市建设历程、行政沿革、结构演变等相关重点史迹；"史"即史事，暗含时间线索，旨在梳理 1 万年间苏州发生的重要历史事件，包括政治、经济、社会生活、文化艺术等各个方面；"人"即人物，是时间、空间与历史事件的交叉点，主要介绍对苏州乃至中国历史发展产生重要影响的历史人物。

四即文本分成四大部分，内容与空间、形式设计无缝缀合，包括"上古华章，吴风越韵"——先秦时期，"秦汉经营，隋唐雄州"——汉唐时期，"往事千年，人间天堂"——宋元时期，"繁华都会，世间乐土"——明清时期。一级结构下，共有 13 单元 31 小节。由展品到最后的"纯粹江南"展览，经过展品至展柜、展柜至小节、小节至单元、单元至展区、展区至展览五层嵌套。通过藏品和多层嵌套结构，建构起多个连续的意义集群，系统展示江南文化。

二、以物叙史

　　博物馆是"物"的集聚之所，也正是"物"才赋予博物馆灵魂和意义。"物"是博物馆天然的立身之本，但绝非博物馆业务的终点。反之，我们要将其视为新的开端，重新对"物"进行阐释，借助陈列物品的精心组合、串珠成线，用文物讲好区域历史故事，让公众通过一件件"物"与历史产生连接，进而达成文化上的认同。

　　"纯粹江南：苏州历史陈列"展厅由四个625平方米的正方形空间组成，展线全长360米（图2-2）。基于文本结构、文物的馆藏情况，我们将展览分成四大部分，让叙事内容与文物和展陈空间无缝缀合，娓娓道出江南的故事。

（一）上古华章　吴风越韵

　　"上古华章、吴风越韵"的故事（图2-3）我们从三山岛讲起，这也是目前苏州地区发现时间最早的史前文化遗址。20世纪80年代，考古学家在太湖的三山岛清风岭发现了旧石器时代晚期的遗存，距今大约1万年，共出土5000多件石器，还发现18种动物骨骼化石。石器的原料主要是燧石，根据形态和用途不同，可分为刮削器、雕刻器等，多用于加工动植物材料。动物化石包括猕猴、棕熊、猞猁、老虎、鹿等。棕熊、猞猁等北方动物种属的出现，说明当时的气候比现在略微寒冷；多样态的动物类型也表明当时三山周边呈疏林草原地貌。这也反映出1万多年前的太湖尚未形成今日的规模，当时的三山并不是岛，而是与今天的东山、西山连成一片，三山先民与各类动物共同在这里生存。三山先民的来源暂无考证，但他们的出

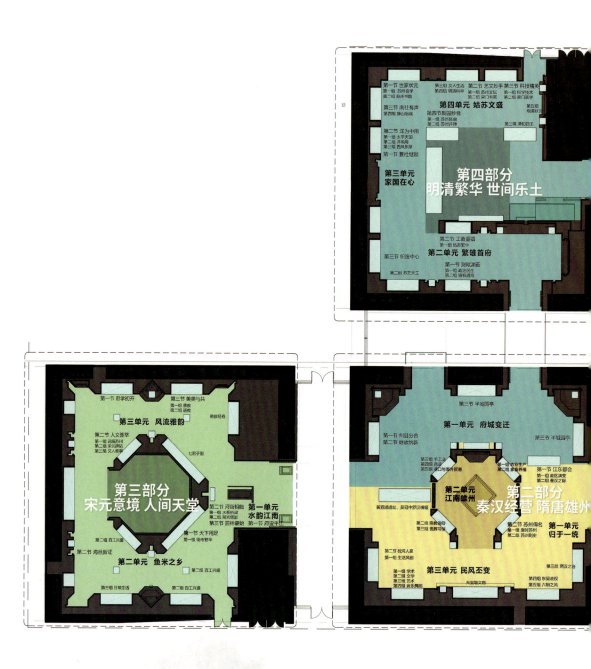

第一节 世家状元　　第三组 文人生活
第一组 苏州官学　　第四组 明清科举
第二节 苏州书院　　　　　　　　　　　　　第二节 艺文妙手　第三节 科技精英
第三节 南社有声　　　　　　　　　　　　　第一组 吴门书画　第一组 科学技术
第四组 剑山画魂　　　　　　　　　　　　　　　　　　　　　第二组 吴门医学
　　　　　　　　　　　　第四单元 姑苏文盛
　　　　　　　　　　　　第四节 梨园妙音　　　　　　　　　　　第五组
第二节 洋为中用　　　第一组 苏州昆曲　　　　　　　　　　明清状元
第一组 太平天国　　　第二组 苏州评弹　　　　　第三组 清初四王
第二组 洋风尚
第三节 西风东渐
第一节 复社继起

第三单元　　　　　　　　　　　　第四部分
家国在心　　　　　明清繁华 世间乐土

　　　　　　　　　　　第二节 工商重镇
　　　　　　　　　　　第一组 坊市繁华
第三节 街巷中心　　第二单元 繁雄首府
　　　　　　　　　　第一节 财赋渊薮
　　　　　第二组 苏艺天工　　第一组 政治民生
　　　　　　　　　　　第二组 漕轨通海

第一节 府学初开　　第三节 美美与共
　　　　　　　　　　第一组 佛教
　　　　　　　　　　第二组 道教
　　　　　　　　　佛教经卷
第三单元　风流雅韵
第二节 人文荟萃
第一组 训练苏州
第二组 宋元碑拓　　　　七君子图
第三组 文人雅集

第三部分
宋元意境 人间天堂
　　　　　　　　　第二节 河街相临　第一单元
　　　　　　　　　第一组 水系桥梁　水韵江南
　　　　　　　　　第三节 园林肇始　第一节 府治平兴
第二节 天下用足
第一节 街市繁华
第二节 海丝新证

第二单元　鱼米之乡
　　　　　　　　　　　　第二组 百工兴盛
第三组 日常生活
第四组 音乐舞蹈

第三节 半城屋亭
　　　　　第一单元 府城变迁
第一节 州县分合
第二节 继故纳新　　　　　　第三节 半城屋亭

第三组 手工业生产　　第一组 农业生产
第四组 商业　　　　　第二组 农业养殖　第一节 江东都会
第五组 口岸与海外贸易　　　　　　　　第一组 唐初苏州
　　　　　　　　　　　　　　　　　第二组 秦汉之际

第二单元　　第二部分
江南雄州　秦汉经营 隋唐雄州

黄酒酿造址、吴冠中罗汉桥稿
　　第二组 宗教信仰　　　　第二节 苏州得名　第一单元
　　第三组 丧葬习俗　　　　第一组 唐代苏州　归于一统
　　　　　　　　　　　　　第二组 苏州刺史

第二节 枕河人家
第一组 生活风俗　　　　　　　　第三组 两汉之治

第一组 学术
第二组 文学　　　　　　　　　第四组 东吴政权
第三组 艺术　　　　　　　　　第五组 六朝之治
第四组 音乐舞蹈

第三单元　民风丕变

天龙嬉文物

图2-2　"纯粹江南"基本陈列空间总平面图

图2-3　"上古华章　吴风越韵"展厅

现为太湖地区寻找旧石器时代人类和太湖远古文化的源头提供了线索。

从传统的考古学分期来看，新石器时代的到来有三个标志性的元素：一是由打制石器向磨制石器的转变，二是陶器的出现，三是动植物驯化的萌芽。三者合力为农业起源奠定了基础。这些新石器时代的典型要素，在苏州的早期遗址中有迹可循，为此在陈列中通过展示典型文物予以体现。草鞋山遗址马家浜文化层发现的炭化稻谷颗粒，经确定为人工栽培稻，这表明长江下游地区是中国乃至世界栽培稻的起源地之一。石镰、石犁、石耘田器等精致的磨制石器，提升了农业行为中的种植、收割效率。耐高温的陶釜、陶甗、陶鼎使得吃上温润的米饭成为现实。

在新石器时代考古中，考古学文化和考古遗址是两个很重要的概念，策展人员希望通过陈列展览将这类考古学基础知识向公众推广普及。考古学文化是指存在于一定的时间和空间的具有特征的实物遗存，用以表示考古遗存中属于同一时期、有地方特征的文化共同体。比如苏州地区存在过的新石器时代考古学文化，就有马家浜文化、崧泽文化和良渚文化。考古遗址是考古学研究的主要对象，即遗剩的某个具体地点，包含了古代人类在生产、生活等社会行为中所遗留的痕迹，一个遗址内可能包含有居址、墓葬、窖藏、作坊、垃圾坑等遗迹现象。草鞋山遗址、赵陵山遗址、东山村遗址、越城遗址等都是苏州比较著名的史前遗址，这些遗址也包含了多个时段的不同的考古学文化。这些文化遗址在展线上均有体现，以便观众对苏州地区的文化发展序列形成初步认知。

马家浜文化以发现地浙江嘉兴马家浜遗址命名，距今约 7000—6000 年，是目前太湖东岸地区年代最早的新石器时代文化。马家浜文化中最为常见的就是多形态的圜底腰沿釜，这是当时生活所必需的重要炊具，此外，骨、角、牙质的工具和装饰品数量很多，也是马家浜文化的重要特点之一。苏州市内比较重要的马家浜文化遗址有草鞋山遗址、东山村遗址、越城遗址、绰墩遗址等。

崧泽文化最初发现于上海青浦崧泽遗址，因此得名，距今约 6000—5300 年，主要分布在环太湖地区。这一时期的墓葬呈现明显的等级差异，说明在崧泽文化人群中已出现贫富不均和社会分层。崧泽文化的陶器相较于马家浜时期，一是灰陶的占比显著提升，这与陶器的烧造环境有关；二是鼎逐渐取代釜，更多作为炊器使用，且盛行矮圈足器；三是陶器上出现精致的镂孔和刻画纹饰。苏州市内比较重要的崧泽文化遗址有东山村遗址、钱底巷遗址、张陵山遗址、徐家湾遗址、澄湖遗址等。

良渚文化因 1936 年发现于浙江余杭良渚遗址而得名，是长江下游地区新石器晚期的文化巅峰，并已初具文明形态，年代距今约 5300—4300 年。泥质陶为良渚文化的陶器主体，有灰陶、黑皮陶、红胎灰皮陶等种类，流行贯耳壶、双鼻壶、宽把带流杯等器型。同时，良渚文化的玉器（图2-4）达到了中国史前玉器发展的顶峰，除了器型上流行琮、钺、璧等，神人兽面的纹饰也极富地域与时代特色。苏州市内重要的良渚文化遗址有梅堰遗址、龙南遗址、赵陵山遗址、罗墩遗址等。

图2-4　"良渚玉器"单元

图2-5　展厅中陈列的良渚陶器与吴国青铜器

　　以良渚文化没落的公元前2300年为时间点，世界各地正欲蓬勃发展的文明在4000年前左右似乎都遭受了一次冲击，很多地区出现了近500年的考古学文化断层，这可能与距今4200年前后全球性的气候突变事件相关。苏州地区继承良渚文化的，是马桥文化，距今3900—3200年，与良渚文化之间同样也存在着三四百年的空白。作为与二里头、二里岗文化年代相当的南方地区青铜时代文化，马桥文化的遗址中已出现少量小件青铜器（图2-5），这宣告着一个新的社会阶段的到来。同时，南方地区的瓷器文化也在这一时期初现模样，印纹硬陶、原始瓷等已开始有意使用瓷土作为制作的原料，这也意味着当时人们对于火的掌控变得更加纯熟。

　　如何将史书表达和陈列展览有机结合，策展团队为之进行了深度的资料梳理。有文字记载的苏州及吴地历史文化可追溯到《史记·吴太伯世家》等所记载的商朝末年周人部族的泰伯、仲雍兄弟南奔至太湖流域，并建立勾吴古国，迄今已有3100余年。泰伯南奔、立国勾吴，是文献记载中的中原文化与江南土著文化之间早期的文化融合。相传周人首领古公亶父年老时，打算把权力移交给贤能的三儿子季历，于是他的大儿子泰伯和二儿子仲雍为了让父亲的想法顺利实现，决定南奔荆蛮，礼让季历。从后世的文献记载中，可以看出故事本身之于吴地江南文化的孕育与滋养作用，如《论语·泰伯》中提出，"泰伯，其可谓至德也已矣，三以天下让，民无得而称焉"，泰伯因让位之举可称得上是道德高尚的人，足见泰伯形象对于礼制规范的重要意义。

　　尽管泰伯、仲雍奔吴事件仍存在着诸多疑点，但吴国的建立与兴起，从考古及文献两方面来看，都是无可争议的历史事实。《史记·吴太伯世家》中记载武王克商后，求太伯、仲雍后人，寻得周章，正式封为吴君，吴国经十八世耕耘，至吴王寿梦，其事迹开始频繁地出现在文献资料之中。寿梦执政之后，与晋国制定联合抗楚战略，这改变了当时列国的政治军事力量对比，同时也是提升吴国地位、促使吴国崛起的重大事件。1992年，苏州博物馆同南京博物院一道对浒关镇山土墩墓开展调查发掘，其中的D9M1在进行年代判定之后（春秋中晚期），发掘者结合墓葬封土规模、

图2-6 "吴王余昧剑"展区（上）
图2-7 "阖闾兴国"单元（下）

墓室大小、棺椁形制、玉殓葬饰、兽面纹饰等特征,推测 D9M1 的墓主很可能是吴王寿梦。

寿梦在临终前,希望最终能由四子季札继位,因而留下了兄终弟及的遗愿。长子诸樊立,诸樊身故后,其弟余祭、余眜又先后执政。余眜在位期间,曾令季札出使列国。季札在鲁国时观赏周王室正统礼乐,对各国风谣进行评点,一言一行,显示出吴国贵族对礼乐制度的精通。归国途中,他又信守承诺,将随身宝剑挂于徐君墓前,得到广泛赞誉,也显示出了吴地贵族对礼乐之制的逐步重视。

余眜去世,季札推辞出任吴国国君。公子僚以余眜儿子身份上位,"兄终弟及"变成了"父死子继",这引起了诸樊之子公子光(阖闾)的极度不满,也就发生了后续专诸刺僚的故事。江南民风在史籍文献中初以"轻死易发"而著称,这种尚武精神,使得吴国在寻求礼乐教化的同时,保持了对强权与兵器的偏执,吴越兵器也因此广为天下知。吴越青铜剑上的菱形暗格纹、剑首的同心圆和复合金属的剑体也被称为"吴越铸剑三绝"(图 2-6)。

吴王阖闾在位时任用伍子胥、孙武等能臣良将,把伍子胥建议的"立城郭,设守备、实仓廪、治兵库"的兴霸成王策略作为国策,内修法制、任用贤良,外强军队、破楚击越,终使吴国成为天下强国。公元前 514 年,阖闾命伍子胥建造都城吴大城。《吴越春秋》记载,伍子胥"相土尝水,象天法地,造筑大城",吴大城"周回四十七里。陆门八,以象天八风,水门八,以法地八聪。筑小城,周十里,陵门三,不开东面者,欲以绝越明也。立阊门者,以象天门通阊阖风也。立蛇门者,以象地户也"。新建的吴大城可能就是苏州古城的最早形态,苏州建城 2500 余年之说也由此而来。近年来,苏州西南郊发掘的木渎古城,是两周时期具有都邑性质的一座大型城址,可能是夫差治下吴国的都城所在,而其城址范围内分布着的西周、春秋、战国等多个时期的文化堆积,也是可将苏州建城历史前推的潜在证据(图 2-7)。

太湖流域的吴国和钱塘江流域的越国为世仇,互有攻伐,特别是在吴王阖闾、夫差,越王允常、勾践两代之间更是上演了多场在历史上留下浓墨重彩的旷世大战。

公元前496年，吴王阖闾伐越受伤身死，其子夫差继位。两年后，夫差败越于夫椒，越王勾践求和，入吴为奴。此后，吴与齐、楚、鲁、宋各国，时相攻伐。公元前482年，夫差与晋定公、鲁哀公于黄池盟会，成就霸业。然而，勾践卧薪尝胆，十年生聚，十年教训，在笠泽之战中击败吴国，后又攻克吴都，夫差蒙面自刎，越灭吴。伴随吴、越二国在军事上的你退我进、你攻我守，吴与越的文化融合界限模糊变得不可避免。《越绝书》载"吴越二邦，同气共俗"，"吴""越"遂成"吴越"，也自此成为早期江南地区的通称。

公元前333年，楚灭越，苏州地区并入楚国版图，故吴都城也在战火中成为废墟。后经春申君修葺经营，重现往日荣光。百年之后，司马迁来此"观春申君故城"并赞叹其"宫室盛矣哉"。春申君黄歇为战国四公子之一，任楚相期间，提出以自己的封地淮北换江东地带，便于楚国对齐战争。黄歇就封江东后，以吴墟为都邑，着力营建，重造古城和闾巷，城市功能得以恢复。黄歇治吴十年，当时的苏州城人口剧增，经济复苏，再度成为江东一带的政治、经济中心。真山D1M1位于小真山主峰，凿山为穴，是带斜坡墓道的甲字形大墓，该墓年代为战国晚期，因出土"上相邦鉩"印章，疑为春申君黄歇之墓。

（二）秦汉经营　隋唐雄州

秦汉至隋唐时期是苏州发展历程中的关键阶段，如何体现其所带来的深远影响，策展团队进行了一番考量。秦朝统一天下，在吴地设吴县，为会稽郡治。汉朝利用吴地鱼盐山川之利，开山煮海，江南在国家统治格局中的重要性日益提升。三国鼎立，吴中为孙吴政权的发家之地。六朝时期，全国时局纷乱不断，吴地因北方士族的大量南迁，先进文化大量输入，民风丕变（图2-8），一跃而成国之重地。隋唐两代，苏州政治、经济和文化全速发展，成为江南雄州。经

图2-8 "民风丕变"单元

过 1100 多年的积累，苏州从远离北方统治中心的卑湿之地跃升为国家的财政赋税之区和人文渊薮。

公元前 222 年，秦国灭楚，平定江南，置会稽郡，管辖今天江浙沪一带的广大地区，并置吴县，设郡治于此。而在兼并六国、建立秦朝后，秦始皇陆续施行统一度量衡、车同轨、书同文、修筑驰道、明确郡县制等政策，推动全国的一体化进程。公元前 210 年，秦始皇东巡会稽，刻石纪功，返程时取道吴县。《史记·项羽本纪》记载，在这次巡游过程中，项羽曾与其叔项梁前往观看，并留下了"彼可取而代也"的名言。秦王朝最终果然覆灭于吴中起兵的项羽手中。秦朝的统一虽然短暂，但对以今天苏州地区为中心的吴地影响深远。秦朝是第一个对吴地实行有效统治的统一王朝，吴地的经济文化从此也终止了原先独立的发展状态，进入统一国家机器的运行轨道中。

公元前202年，随着刘邦击败项羽，会稽郡被纳入汉朝统治。汉代实行郡国并行制度，会稽郡先后封给荆王刘贾、吴王刘濞、江都王刘非，后在削藩裂封的大背景下，被收入西汉政府直接管理。吴王刘濞在位时开山铸铜、煮海为盐、减免赋税、与民休息，对会稽郡及吴地的发展发挥了积极作用，司马迁在《史记·货殖列传》中也将刘濞与吴王阖闾、春申君黄歇相并列，认为他们三人是促成吴地成为江东都会的奠基者。

汉武帝元狩四年（前119）冬，因关东地区遭受非常严重的水灾，西汉政府徙关东贫民七十二万五千口于陇西、北地、西河、上郡、会稽五郡。大批北方移民迁入会稽，加速了中原的农业技术和文化在江南的传播扩散进程。而随着东南诸越归附，会稽郡下辖县的数量增多，为当时郡国之冠，土地广阔。由于人口增多，辖县数量庞大，管理不便，东汉永建四年（129），顺帝接受建议，以钱塘江为界，将会稽郡一分为二，东为会稽，西为吴郡。吴郡辖吴、海盐、乌程、余杭、毗陵、丹徒、曲阿、由拳、富春、阳羡、无锡、娄、钱唐十三县，大体相当于今长江以南、镇江以东、钱塘江以西的江浙沪广大地区，仍以吴县为郡治。

东汉末年群雄割据，吴地士族也逐渐登上政治舞台。三国之一的孙吴政权起于今天的浙江富春地区，为当时吴郡所辖。孙坚曾任吴郡司马，夫人吴氏也是吴郡吴县人，为孙坚生孙策、孙权、孙翊、孙匡、孙夫人等四男一女。在孙坚死后，孙策以吴郡为首府经略四方，但其任上对吴地本土士族打压甚严，他的英年早逝部分也归因于高压的统治行为。据《吴地记》记载，孙策与其父孙坚及母吴夫人都葬于今苏州盘门外东南二里，早年发掘的青旸地东汉墓也因此疑为孙坚、孙策父子衣冠冢或迁葬墓。不过近年来新发掘的黑松林、虎丘路新村等孙吴高等级大墓（图2-9）则质疑了这一说法。孙权在位期间一改孙策统治形式，大胆起用吴郡人士并加以控制，以顾、陆、朱、张"吴郡四姓"为代表的本地豪族人才辈出，同时具备强大的经济和军事实力，其代表人物有顾雍、陆逊、朱桓、张温等，他们都是孙权朝堂上的中坚力量。待到司马氏灭吴，虽

图2-9　孙吴高等级大墓的空间复原

仍有江南才俊北上，入洛仕宦，但多以失败结束，且杀身伤名，难得善终。如张翰借莼鲈之思辞官南归、全身而退者确是少数。

　　六朝时期，吴县一直为吴郡郡治，但伴随着江东政治形势变化，吴郡不断分立新的郡县，加之需为北迁人口专门设立侨州郡县，吴郡的辖区越来越小，明卢熊《苏州府志》记载，至南朝陈末，吴郡仅辖吴、昆山、常熟、嘉兴四县。幸而苏州本身的城市建设在这一时期获得了较大发展，西晋左思《吴都赋》云："郛郭周匝，重城结隅。通门二八，水道陆衢。"所谓"通门二八"，是指苏州大城的八门，东有娄、匠，南有盘、蛇，西有阊、胥，北有平（又称巫）、齐。每座城门兼水陆，故称"二八"。平门城墙发掘有多座六朝墓葬，出土器物以青瓷器为主，造型多样，烧制精良。还有一些今天仍旧熙熙攘攘的地点，在六朝时期也已有迹可循，如乐桥始建于三国吴赤乌二年（239），瑞光寺相传是赤乌四年（241）孙权为迎接西域康居国僧人性康而建，后为报母恩又建十三层舍利塔于寺中，即为今天所见瑞光寺塔前身。

　　隋朝在结束数百年的南北分裂后，对行政区划进行了大刀阔斧的重新划分，废郡级行政区，改为州、县两级制，并对县级行政区做了大规模的撤并。隋开皇九年（589），改吴州为苏州，取自城西姑苏山，这是历史上首次出现"苏州"之名。隋唐二朝，"吴郡"和"苏州"两个行政区划名称反复调换，直到唐至德二年（757），吴郡又改为苏州，宣告了吴郡作为正式行政区划名称在历史上的终结。隋朝虽国祚短暂，但大运河的贯通实为百世之功，江南运河作为隋唐大运河的最南端，北临长江，南达钱塘，贯穿水网密集的太湖流域，全长300多公里，流经江南经济最富庶的区域，是太湖流域航运的孔道。同时大运河堤坝的构筑促使整个太湖东部的低洼区域淤积化，为湖东平原的开发和百姓定居提供了前提条件。

　　苏州在唐代中前期局势稳定，贞观元年（627）隶属江南道。开元二十一年（733），全国行政区划调整，苏州成为新辟江南东道治所，是江南地区重要的行政中心。"安史之乱"后，苏州政治中心的地位被润州（今镇江）取代，但仍是唐中央政府的财政赋税重地。大历十三年（778），苏州升为雄州（按照唐定制，州分辅、雄、望、紧、上、中、下七等，雄州为第二等），成为江南唯一雄州。唐代雄州，或以地险，或是关系中原地区安危的重大战略要冲，苏州非军事战略要地，等级上升实与其粮食物资和经济水平密切相关，白居易《苏州刺史谢上表》即有"今国用多出江南，江南诸州，苏最为大"。政治经济地位的上升也使得唐王朝对苏州地方官员的任命越发重视。初唐时期苏州尚为贬谪之人聚集地，中晚唐时期已经成为官吏晋升的重要中转地，担任苏州刺史的官员素质越来越高，并涌现出了不少清官良吏。他们在苏州任上采取了安定社会、发展经济、繁荣文化的一系列措施，为苏州的发展做出了重要贡献。

唐代，苏州城的水陆双棋盘式格局基本定型。随着江南运河的畅通和城市外围水利工程的大规模修筑，苏州城内外的交通日益完善，八道陆门和八道水门全部启用，作为进出城门的通道。城内水网骨架成形，河道纵横交错，小桥南北相望，东方水城风貌形成。刘禹锡"二八城门开道路"、白居易"绿浪东西南北水"、杜荀鹤"君到姑苏见，人家尽枕河"，都是对苏州独特城市景观的形象反映。不仅城内水运便利，苏州也借助沿海的优势，加强海外交流，近年先后获评全国十大考古新发现的上海青浦青龙镇遗址、苏州张家港黄泗浦遗址等，都是唐代苏州同海外交往的重要门户，其中黄泗浦更是见证了鉴真和尚的成功东渡。日本天平时代（710—794）真人元开所撰《唐大和上东征传》记载，鉴真在前五次东渡失败后，第六次从扬州赶往黄泗浦与日本遣唐使会合，在黄泗浦停留半个月后，随遣唐使船起航，终获成功。这样的记载同时表明，日本遣唐使也多次选择从苏州起航返日，足见苏州之于唐代海路交通的重要性。

（三）往事千年　人间天堂

经历唐末以来藩镇割据、宦官乱政的阵痛和短暂的分裂，中华大地再次逐步走向统一。由于特殊的政治地理位置和优越的自然环境，五代时期的苏州兵祸轻微，社会发展恢复较快。及至两宋，特别是宋室南迁，随着全国经济、政治、文化中心的转移，苏州社会空前繁荣，优美的环境、富裕的生活、灿烂的文化使苏州成为中华民族城市发展史上的一颗璀璨明珠。

著名史学家顾颉刚先生在《苏州史志笔记》中写道："苏州之盛始于吴越及北宋。"北宋建国后的百余年间，苏州"井邑之富过于唐世""人物之盛为东南冠"（《吴郡图经续记》）。宋以来，苏州政治相对稳定，战祸较少，社会经济发展迅

图2-10 宋刻《平江图》

速，为文化的发展提供了良好的社会环境和经济基础。同时，北宋时期苏州又
多了一个新名字——平江。北宋开宝四年（971），南唐改国号为江南国。开宝
七年（974），宋令吴越国伐江南。开宝八年（975），吴越国中的吴军改称平
江军，宋以吴越国孙承祐为平江节度使，"平江"两字，即有平定江南国之意。
北宋太平兴国三年（978）吴越国降宋，又改平江为苏州，属两浙路。北宋政和
三年（1113），苏州升为平江府。平江作为苏州地方行政建制由此确立，并一
直沿用到元末。北宋时，平江府下辖吴县、长洲、昆山、常熟、吴江等县。平江，
见证了12—13世纪苏州城的兴衰荣辱。南宋绍定二年（1229），李寿朋主持
刻绘《平江图》（图2-10），真实记录南宋时期苏州城的格局与面貌。这是我国
现存最大的碑刻地图，对于研究苏州城市变迁具有不可替代的价值。

　　按《平江图》所示，宋代苏州城布局合理，城内除分布政治、文化、军事等设施外，谷市、鱼肆、丝行、茶馆、酒楼等集中于城中心的小城（又称吴子城）附近西北角的乐桥和利市桥一带，商业区集中，手工业兴旺，商贾云集、贸易繁盛。平权坊（今大石头巷）位于乐桥西南、跨街楼南，是茶楼酒肆聚集地。乐桥作为城市中心，其东北有东市，西北有西市，南有大市，是繁荣的商圈。这样的城市景观在元代遭到破坏，元军进苏州之初，即下令拆除城墙，之后直到元至正十二年（1352），为了防御战乱起义，方才重修平江城，设䨥、娄、阊、齐、盘、胥六门。只是城墙的修建也未能抵御起义之势，仅仅四年之后，张士诚占领苏州，改苏州名为隆平府，后又自立为吴王。至正二十七年（1367）九月，朱元璋攻克平江，苏州归于大明。1975年10月，在大石头巷考古过程中，发现宋代坊市遗址，出土各类文物502件，包括各种刻画精美的手工陶模具。2011年6月，干将路改造，在乐桥的宋代砖井中发现4个釉陶四系罐、近2吨铜钱，铜钱有47种面文，北宋铜钱占38种。

　　宋元时期的苏州作为全国最繁荣的城市之一，城中坊巷纵横，人口稠密，百工云集。玉器刻画细腻、雕琢精微。苏州本地并不产出非常好的玉石，但苏州玉器通过便利的商贸通道，实现了外地优质玉石"材美"与本地制作工艺"工巧"的完美结合，形成了苏州玉器工艺"小巧、精细、雅致"的独特风格。苏州漆器做工精巧，色彩匀称，造型与瓷器风格近似，审美和实用相结合，尽管关于漆器工艺少有文字记载，但从苏州出土的宋代漆器可见一斑。

　　瓷器在五代宋元时期，以苏州为窗口，远销海外。北宋时，苏州是海上贸易的重要港口，北宋政府授命平江府等地方"如有蕃商愿将舶货投卖入官，即令税务监官依市舶法博买"（《宋会要辑稿·职官》）。南宋设市舶司于青龙镇，专门负责海外贸易。在元代，苏州是陆、河、海运的联结点，尤其海运更是一跃成为交通运输的大宗。元朝海上运输不只涉及对外贸易，还有广泛的境内近海运输，其中太仓刘家港（今浏河）是重要的海运码头，开辟了多条贸易航线，对内可直抵京师，对外则远达日本。2016年，由苏州市考古研究所主持发掘的太仓樊村泾遗址发现了大型仓储遗存、居住基址、道路、桥梁基址等，是元代太仓城市规划、建设的重要组成部分。该遗址是目前除浙江龙泉窑址之外，考古发现的规模最大的一处龙泉窑青瓷遗存，出土 150 吨元代中晚期精美龙泉窑瓷器。无论从出土文物的数量还是种类来看，樊村泾遗址都具备了一个大型瓷器仓储、瓷器贸易集散地的特征，填补了元代苏州海外瓷器贸易相关遗存的空白，印证了太仓在元代无愧为"天下第一码头"的史实。

北宋仁宗景祐元年（1034），范仲淹出任苏州知州，在任期间兴修水利，于景祐二年（1035）首创苏州府学，苏州府学是由范仲淹创办的宋代历史上第一个也是规模最大的地方官办学府，在宋代教育史乃至中国古代教育史上声誉卓著，号称"东南学宫之首"，影响深远。范仲淹创立府学后，礼聘名儒胡瑗为教授，其创立的苏湖教学法也同政府办学之举一道推广至全国。由于教育发达，苏州科举渐呈兴盛趋势，进而带动了学术的发展。以朱长文的《吴郡图经续记》、范成大的《吴郡志》为代表的地方志，不仅史学成就突出，而且在中国方志编纂史上占有重要地位；"天上天堂，地下苏杭""苏湖熟，天下足"等名谚也皆出于此（图 2-11）。

五代宋元时期的苏州，宗教信仰呈现多元化的发展趋势，雕版印刷的兴起为经书的印刷和宗教的传播提供了便利。自五代钱氏治吴开始，苏州地区对佛教崇仰尤重，从《吴郡图经续记》中可窥见其时吴地佛教兴盛的两个剪影。一是佛教寺庙兴建、重建、修缮不断，"郡之内外，胜刹相望"。如五代后周显德年间，钱氏政权在原开元寺基址上移建报恩寺；五代后唐天福二年（937）重修瑞光寺，著名的真珠舍利宝幢也是制作入封于北宋年间。二是五代宋元时以苏州为中心的吴地佛教，善男信女众多，除专职僧侣，还有众多居士与修行者，供养之事更是不绝，"民莫不喜蠲财以施僧"。苏州道教融合民间原始宗教、荆楚吴俗、神仙传说和先秦哲学等，历三国、东晋、隋唐等朝的发展，于五代宋元时期，达到发展的又一高峰。吴越国君钱镠、宋真宗赵恒都曾在太湖水域

图2-11 "风流雅韵"单元

举行道教"投龙"仪式，祈福禳灾。

　　"清风明月本无价，近水远山皆有情。"苏州地处水乡，湖沟塘堰星罗棋布，极利因水就势造园，附近又盛产太湖石，堆砌玲珑精巧的假山，可谓得天独厚；苏州地区历代百业兴旺，官富民殷，也有条件追求高质量的居住环境；加之苏州百姓历来崇尚艺术，追求完美，千古传承，长盛不衰，无论是乡野民居，还是官衙贾第，其设计建造皆一丝不苟，独运匠心。吴中的山清水秀与宋代文人的隐逸情结共同促成了宋代私家园林在苏州出现，沧浪亭、乐圃，以及随后元代的狮子林，经历数百年的风雨，依然风韵如昔。九狮础等元代建筑构件也与现代艺术创造相结合（图2-12），在新的时代里焕发生机。

图2-12　元代建筑构件与现代艺术创作的结合

（四）繁华都会　世间乐土

　　明清两朝，苏州的管辖区域时有变动，但苏州府的名称一直沿用至清末。府治之下，苏州城乡商品经济发达，城市工商业兴盛，内外商贸繁盛，一度成为世界上最繁华的工商业中心之一；社会尚文为俗，教育发达、人文荟萃、群星灿烂，苏州发展臻于历史巅峰，成为全国最著名的经济和文化中心，也是中西文化交汇激荡、社会生活丰富多彩、社会变迁开风气之先的地区，影响直至今日。

　　明代，苏州是江南巡抚的常驻之地。清代，苏州是江苏巡抚驻地和江苏布政使司所在地。明清时期苏州府州县多次析置分合，但境域基本上相当于今日苏州市辖境和上海市苏州河以北各区。朱元璋击败张士诚后，改平江路为苏州府，领吴县、长洲、昆山、常熟、吴江、嘉定。明洪武八年（1375），崇明县划归苏州。弘治十年（1497），析昆山、常熟、嘉定三县土地，置太仓州，领崇明县。清顺治二年（1645），改明南直隶为江南省，苏州府领一州七县。康熙六年（1667）分为江苏、安徽两省。苏州为江苏省会，仍领一州六县。雍正二年（1724），分别析长洲、常熟、昆山、吴江，置元和、昭文、新阳、震泽四县，太仓升为直隶州，辖崇明、嘉定两县。雍正八年（1730），再分吴江，置太湖厅。咸丰十年（1860），太平天国忠王李秀成攻占苏州，以苏州为省会建立苏福省，省以下设郡、县。苏福省大致辖有常州以东的苏南地区。同治二年（1863），清军和外国雇佣军"常胜军"攻陷苏州，恢复建制如旧。光绪三十年（1904），分太湖厅，置靖湖厅。1911年辛亥革命爆发，1913年废府。

水网密布、河道纵横、交通便捷的苏州城，明清时期的城市主体结构延续宋元时期水陆并行、河街相邻、前街后河的双棋盘格局。城内更是园林密集，号称半城园亭。"江南园林甲天下，苏州园林甲江南"，凭借得天独厚的自然条件、悠久丰厚的文化积淀，苏州园林建造艺术经过2000多年的发展，于明中叶至清中期进入全盛期。明季豪富兼并，拥地千顷，不惜巨资以成园墅。清初遗民文士怀易代之痛，惧文网之酷，幽栖于园囿。日久承平，官绅承明遗习大治园宅。晚清又有谙熟金石书画的显宦富商再度营建，形成最后一次造园高潮。苏州园林主人与造园艺术家文化品位契合，将视觉艺术、中国传统文学和哲学思想有机结合，共同打造了数量众多且融自然山水、诗情画意于一体的人文气质独特的苏州园林，代表了我国古典私家园林的最高艺术成就。

明永乐三年（1405）至宣德八年（1433），明朝政府为增进对外交流，确立宗主国的地位，发展与西洋各国的友好关系，派遣郑和率领船队从太仓刘家港集结出发，先后七次出使西洋，航程10万余里，到访30多个国家和地区，其规模之大、船只和海员之多、海上航行之久，在世界航海史上堪称壮举。同时，自明代始，近郊浒墅关为货物辐辏之所，商船往来，日以千计；阊门南濠一带为水陆冲要之地，凡南北舟车、外洋商贩，毕集于此；各省郡邑商贾竞相在苏州设置会馆、公所，苏州内外通商达到封建社会鼎盛阶段，成为全国著称的内外贸易转口中心。

康熙、乾隆祖孙二人各自六次南巡，每次皆以江南为重要的活动区域，其间问俗观风、体察民情、周知吏治，且每次都在苏州逗留，对苏州的经济和社会都产生了重要的影响。苏州织造是明清两朝在苏州设局织造宫廷所需丝织品的皇家商业机构。明由提督织造，太监主管。清初年依旧制，隶属内务府，长官除管理织造事务外，还有密奏任务，曾对清初苏州民生与吏治发挥过积极作用。康熙、乾隆每次南巡，在苏州均宿于织造府行宫。在任最久且屡受康熙帝赞赏者为李煦，后者从康熙三十二年（1693）到任，至六十一年（1722）雍正帝即位后罢官，达30年之久。明清之际，蚕桑、棉花为主要农业经济作物，其种植面积增加，加深了农业商品化程度，农村家庭副业产品大量进入市场，商业资本向产业资本转化，商品经济发达的苏州，生产关系呈现出新的变化——资本主义率先在丝织业、棉纺业中萌芽、发展。

明末朝政腐败，社会矛盾趋于激烈，太仓人张溥、张采将主张改良的江南几十个社团合并，成立复社。复社成员多为青年士子，先后共计2000多人，声势遍及海内。他们满怀政治热情，以宗经复古、切实尚用相号召，切磋学问，砥砺品行，反对空谈，密切关注社会人生，参与政治斗争。其作品注重反映社会现实，揭露权奸宦官，同情民生疾苦，讴歌抗清行为，抒发报国豪情。顾炎武更是复社中的佼佼者，他提倡"引古筹今"，经世致用，力图使理学回到"圣贤六经之旨，国家治乱之源，生民根本之计"的"实学"中来，进而开辟了清代200余年学术研究的先河，被称为"清学开山之祖"。顺治九年（1652），复社为清政府所取缔。

鸦片战争前后，社会阶级矛盾进一步激化。太平天国运动爆发，影响遍及东南，苏州被攻占三年多，建立苏福省。随着上海开埠，西学东渐，苏州的有识之士开始反思祖宗旧制，提出改革设想，积极参与维新变法活动。清末国政日非，国家之如睡狮，沉酣醉梦，不能猛醒，列强窥伺，国人莫不愤然崛起，以图御侮之计。光绪二十九年（1903）十月一日，吴中义士朱梁任、胡友白、杨韫玉等十余人登狮子山，招国之魂，追求革命。20世纪初，苏州人民的革命情绪日益高涨，反抗斗争连绵不断。中国第一个革命文学团体南社在苏州诞生后，以诗歌为号，为辛亥革命呐喊。1911年武昌起义爆发，随着上海、浙江相继独立，苏州大中学校学生纷纷响应。江苏巡抚程德全在苏州士绅劝说下，以"兴汉安民"为号召，挑落衙署瓦片，正式宣布独立，苏州和平光复，进入历史新阶段。

自宋代开设府学以来，苏州的教育日趋兴旺，崇文尚教风俗也愈发浓烈，为读书研习科举的苏州学子提供了得天独厚条件。明政府科举继元代之程式，以朱熹《四书集注》为教材，以八股文为体裁，三年一次开科取士，依次循环。江南苏州等府科举于明中期走上正轨，科举人才崛起，在全国政坛崭露头角，并有一发而不可收之势。苏州科举人才巍科连绵，政治、经济、军事、文化等人才辈出，明代全国共有89名文状元，苏州共得状元8名，占全国总数近9%，另还有榜眼7人、探花6人；全国正常取中文进士88科，苏州进士1016名，约占全国进士总数的4%。清承明制，京师国子监与地方府州县学各级官办学校继续为开科考试选拔官吏的科举制度服务。据不完全统计，有清一代全国录取进士26391名，共出状元112名，而苏州一府共取进士763名，其中状元26名，多出自官学，其中吴县8名，长洲7名，元和2名，常熟6名，昆山、太仓、镇洋各1名。他们中更是出现了像钱棨这样罕有的连中三元之人。

苏州是诗、文、书、画的重镇。明清时期，苏州优越的自然、社会、人文条件进一步推动了苏州文化艺术的兴旺，渐臻历史巅峰。诗坛文苑，群星闪烁，异彩纷呈；书苑画坛，名家如云，巨匠辈出。

明清以来，苏州经济发达，城市繁华，新兴市民阶层壮大，促使本地文学蓬勃发展。诗坛人才不断，文坛小说、戏曲、历史演义大放光彩，明代诗人之冠高启、通俗文学巨匠冯梦龙、文学批评家金圣叹、现实主义剧作家李玉等，都是其中的佼佼者。

明代苏州书法名家辈出，刻帖成风，书学论著不断涌现，推动书法进入黄金时代。以明代中期书法三绝——祝允明、文徵明和王宠为代表的吴门书派，深刻影响了后世松江书派和清代书风，在中国书法史上占有重要的地位。

吴门画派是我国绘画史上具有重要历史地位的画家群体和绘画流派，形成于明代中叶以苏州为中心的地域，自沈周开创，文徵明集其大成，之后相继延续，存在画风师承关系。其总体特征是，以前代文人画传统为基础，内容以水墨山水为主，形式上表现为娴熟的技法运用和诗书画印的完美组合，影响了中国画坛近 600 年。其中明代沈周、唐寅、文徵明和仇英，并称为明四家。沈画醇厚，唐画俊逸，文画凝练，仇画精劲，他们继承宋元绘画传统，又各有师承，形成自我风格，标志文人画走向极盛，影响明清 400 余年的画风。苏州四王——王时敏、王鉴、王翚、王原祁，是清初画坛上最著名的山水画家，他们从理论到实践，一直把仿古、临古放在首位，在山水画的技法，尤其在运用干笔枯墨方面取得了一定的表现效果。其画风是清代院体派的主流，影响所及，300 年不衰，在我国绘画史上有着十分重要的地位。

苏州戏曲，源于唐代。随着城市经济的日趋繁荣，出现了以演唱为业的歌伎乐工。入宋之后，戏曲有了更大发展。元代苏州，南戏盛行。明代苏州，昆曲以崭新的姿态雄踞舞台。明末清初，苏州评弹异军突起，与昆曲并驾齐驱。清代苏州剧场林立，艺人众多，梨园兴盛。昆曲发源于 14 世纪中国的苏州昆山，后经魏良辅等人的改良而走向全国，自明代中叶以后独领中国剧坛近 300 年。它糅合了唱念做打、舞蹈及武术等，以曲词典雅、行腔婉转、表演细腻、动作优美、舞蹈性强为特点，形成了特有的艺术风格。苏州评弹是苏州评话和弹词的合称，是用苏州方言进行说唱表演的传统曲艺说书戏剧形式，博采小说、诗歌、戏曲、音乐等表现手法之长，语言生动，通俗易懂，形成以说、噱、弹、唱为主的综合性艺术特色。

至此，基本陈列四部分的内容皆已介绍完毕，1万年的姑苏故事便都展现在公众眼前。1万年前，苏州从远古蒙昧中醒来，风雨兼程，步履豪迈，走过茹毛饮血的石器时代，走过金戈铁马的春秋战国，见证了秦汉隋唐的天下一统，见证了宋元明清的锦绣繁华，饱经沧桑，历久而弥新，昂首走进了中华人民共和国这个崭新的伟大时代。

可以讲，"纯粹江南"基本陈列是用有限的文物讲述了无限的江南故事，不仅立足中国，更放眼世界，既古典，又现代，生机勃勃，方兴未艾。1万年的回眸，1万年的等待，1万年的苏州，继往开来。

三、再塑体验

毫无疑问，展览的叙事线索对于观众看展具有引导作用，但这种作用的效果，取决于每一位观众本身的涵养。因此，这也对博物馆提出了新的要求，必须重视展前、展厅的铺垫与引导。"纯粹江南"策展团队在这方面着力颇多，希冀通过自身努力再塑观众的参观体验。为此甚至专门编撰导览手册，出版展览图录（图2-13），并配备语音导览设备，由浅入深，由视觉扩展到听觉。

展线上本就设置有13个多媒体展项，其中一半以上均可互动，主要针对中小学生。多媒体互动既是吸睛点，也是展线的气眼。在正式运营后不久，贯穿整个展览的 AR（增强现实）眼镜也开始上线。用现代科技手段来增强观展的知识性与趣味性，吸引观众，增强体验感，这在国内各类博物馆的基本陈列中也算是一次对前

图2-13 　《纯粹江南——苏州历史陈列》图录

沿信息技术的转化尝试（图2-14）。

在设计之初，"纯粹江南"展线针对青少年就已经隐藏了一个IP，它是刚睡醒的儿童形象，从入口至出口，共计7个，分别穿着旧石器时代至明清时期服饰，安放在与之有关的文物旁（图2-15）。很多小朋友在参观时偶然发现它，便会十分惊喜，口口相传后甚至有观众特地到展厅打卡。

苏州博物馆西馆更加注重和突出博物馆的教育功能，从"博物馆学校"理念出发，努力提升博物馆教育高质量发展的核心竞争力，深入挖掘江南文化和吴地文化内涵，围绕"纯粹江南"展览，面向青少年群体设计开发了"诗歌里的《姑苏繁华图》""姑苏状元郎"等教育课程，并以此为基础，推出全新的"@苏博"系列教育品牌——"姑苏@苏博"。该品牌致力于挖掘苏州本土地域文化内核，尝试从多学科角度入手，和观众一起探寻苏州文物和苏州文化，讲好苏州故事。

图2-14　展厅中的多媒体展项（上）

图2-15　"纯粹江南"展览中的苏茜茜
人偶设计稿（下）

苏茜茜人偶点位

　　每个场景展项设计融入一个小的IP人偶或动物，相同的形象，不同的衣着，不同的
时空。

图2-16　"纯粹江南"基本陈列明清瓷器展区

　　"诗歌里的《姑苏繁华图》"课程围绕"纯粹江南"基本陈列中的《姑苏繁华图》展开，从文学的角度切入，挑选明清苏州主题诗歌共同赏析。结合自然、历史、文化等，探寻二三百年前苏州城的繁盛景象。通过理论学习和观赏展厅文物，近距离观看动态版《姑苏繁华图》和其他馆藏明清时期展品，如青花釉里红寿桃结树图天球瓶、陈鸣远款紫砂方斗杯、玉蚕、《申时行祖父母诰命卷》、象牙画彩篦梳等，青少年们进一步了解了画卷相关知识内容，加深了对明清时期苏州风貌的认识。"姑苏状元郎"课程以苏州府学文化和状元文化为切入点，结合"纯粹江南"基本陈列中范仲淹像、《范文正公集》、《申时行祖父母诰命卷》、《申氏家谱》、藤编提篮及广窑褐彩魁星像等状元主题文物的现场导览，让青少年们充分感受到苏州千年的文脉传承与荣光。

　　在开发新课程的基础上，特色文博课程"青花之美"也同步结合西馆"纯粹江南"基本陈列进行了优化调整，增加了展厅文物导览部分的比重（图2-16）。

图2-17　云起龙骧镀金贝母胸针文创产品

小学员们在教育员和志愿者带领下走进展厅,观摩聆听明宣德青花缠枝花卉纹豆、明宣德青花缠枝莲纹盘、明宣德青花一把莲纹大盘、清雍正青花釉里红寿桃结树图天球瓶、清雍正青花缠枝花卉象耳盘口瓶等重要文物讲解,学习文物知识,感受文化魅力,增强文保意识。2022年暑假,公众教育部还组织开展了4场青少年暑托班专场活动,组织近百位小学员参观"纯粹江南"展,通过全程导览,给大家分享苏州的一万年历史。

　　与"纯粹江南"相关的文创产品,撷取文物之形之色,包含吴地晨晖新石器冰箱贴、青辉开物(青铜剑)开瓶器、云起龙骧镀金贝母胸针(图2-17)、小花器冰箱贴套装、吴王夫差剑金属书签及行李牌等多种款式,深受观众喜爱。观众在观展之余,可将文物、博物馆"带回家"。

　　展览向观众的呈现只是一个起点,以开幕作为开端,一路向前,或许有些俗套,但我们相信,它将伴随观众的参观、反馈而不断成长,通过与观众交流而不断完善,而观众也可随之一同成长。虽然展览流线固定，但却可以回顾、停留，甚至反向行走、再次进入，或换一个角度来审视，所以，也可以说"纯粹江南"展是鲜活的，就像江南的水、江南的色彩，既纯粹又斑斓。

纯粹江南
技忆苏州

Pure Jiangnan
Memories of Suzhou Crafts

『纯粹江南』策展

城、史、人的三维建构

　　在这章开始前，我们希望先追问两个问题，一是为什么要写策展笔记？近年来，业界对精品陈列策展笔记的需求似乎呼之愈急，一经推出，大家可能最关注的就是"策展"这个章节，因为策展章节中可能涵盖了不少现场的具体操作、可供参考的方案以及解决问题的手段，这应该都能为各家单位之后的展陈工作带来最具实效的帮助。追本溯源，策展笔记或许是在考古学同人发掘报告影响下的产物。同样都是文博系统内的工作，一项大的发掘总会带来几本大部头的报告，考古报告往往体例规范、制作精良，前有总述、遗迹、遗物，按地按时按质、分类分型分式，后有附录、附图、附表，近年科技考古盛行，各类有机物、无机物的检测分析数据也是一应俱全。一项展览带来的文字产出却往往受限于客观因素，多是围绕展品的图录或研究论文集，关于展览本身的实际记录甚为少见，规范性也有所欠缺。我们在知网上以"策展笔记"为主题检索，一共只有2篇论文，还均与展览本身关系不大；与之相对，以"发掘报告"为主题检索，共有4768篇论文。其中固然有中国考古学已逾百年以及学科差异的客观因素，但2篇的数量，多少还是说明，无论是博物馆的实际从业者，还是博物馆学的研究者，大家似乎都不习惯于以一个规范的体例、以一种科学的归纳、以一些基本的理论方法去专门整理一项展览的诞生。因而中国博物馆协会近年来积极组织精品陈列获奖单位去编写策展笔记，既是想为各馆的工作提供参考，可能也是想总结经验，整理出一套适用于博物馆展览的"发掘报告"范式。

　　在对第一个问题做出这样的预设回答下，我们也就自然而然地提出了第二个问题，策展笔记需要写些什么？在参考了以往的策展笔记和一些考古发掘报告的内容后，我们希望在策展章节中呈现这样的一些内容：一是忠实记录一项展览的诞生。这种记录不是从无到有的那种全过程拍摄，也正如发掘报告不会从第一铲子是怎么挖的开始记述。记录诞生指的是记录这个展览的基本框架，记录实际展出的文物，记录文物是如何被串联填充到展览框架中而成为展品的，这些内容即构成接下来"策展"部分中的一、二两节，我们将之称为博物馆的传统。二是以策展者的身份带着研究的视角重新去回顾我们的展览。相信不少博物馆从业者都有这样的体会，自己策划实施展览时，其实就是根据主题、可用文物、背景资料和实际展厅规划，最终做出了一个展览，现在博物馆学界常强调的观众视角，有是有，但并不多，顶多时刻牢记要有故事性、趣味性，因而在看他者解构自己的展览时，常是一头雾水。究其缘由，博物馆学研究的是观者，但国内的青年博物馆学研究者多在高校，缺少策划实施展览的主观体验；国内博物馆从业者做的是一项应用工作，很多时候他们的实际诉求是"看菜下饭"，真实的工作流程和时限并不支持他们在策划展览时过多考虑观者的细节感受。《众妙之门：六谈当代博物馆》的作者沈辰在书中强调展览需要有释展人，可能就是出于此。因而，在三、四两节，我们希望从博物馆学研究者那儿学习一些理论和方法后，重新去回顾自己的展览，将其视为考古发掘报告中的附录分析部分，我们也暂将之称为新理论与新方法。

什么是"江南"？这可能是一个地理学问题，可能是一个历史学问题，也可能是一个文化史问题。自始至终，江南都被时间与空间贯穿，却又不止于时、空二维。在此之前，已经有很多人试图从不同的角度来回答这个问题，如格非的江南三部曲，是文学的虚构，杨念群的《何处是"江南"》是历史的解读，虽然各有特色，但均可视为理论层面的阐释，于是我们试着用展览来回答。事实上，对于大众而言，几十上百万字的描写，有可能还不如一句耳熟能详的"小桥流水人家"来得直观，甚而直接来一趟苏州，穿几条小巷，逛几座园林，坐一次小船，尝一道面点，最后发一声感叹，原来这就是江南。相较于物质而言，精神上的感受或许是间接的，自然各有短长。对江南的解读形式多样，苏州博物馆西馆"纯粹江南——苏州历史陈列"立足展览的角度，利用实物对苏州 1 万年的历史进行了立体的叙述。

当代博物馆对展览中的叙事性的强调始于 20 世纪 80 年代末，陆建松、李建丽、严建强等学者多次提出地方通史陈列要摆脱既有展陈与收藏中"物"的概念的桎梏，加强人文历史、文化传统的地域特色研究，加以准确解读并打造以信息定位和叙事为方法及目的的地方历史陈列。这类与考古学相似的由物及人的学科觉醒，或许可称为"博物馆学纯洁性的丧失"。但其最基本的考量，当是源自区域性地方博物馆馆藏的有限和藏品的趋同。如何在相似的区域文化背景下，做出各具特色的常设历史陈列，是地方博物馆和博物馆学研究者在过去 40 年中不断探索的一个问题。在这样的基本形势和广泛呼吁之下，2008 年沈佳萍和 2010 年刘佳莹的硕士论文标题中，分别首次出现了"信息定位"和"叙事学"字眼，二人的论文也是博物馆学领域对这两个概念的最早的综合研究。而张婉真在《当代博物馆展览的叙事转向》一书中，引入叙事学的概念、理论，对展览进行案例分析，将博物馆展览大纲视为叙事文本的一种，对其叙事性出现的文化成因、优势与缺陷、受众程度等做了分析。以此书为分界，从 2015 年开始，带有"叙事展览"一词的研究如过江之鲫，出现在博物馆学硕博士论文和各类期刊中，"叙事性"也成了近年来博物馆学研究和博物馆进行展览内容设计时的主流。

苏州历史上还从未有过一项自早及晚、追述万年的通史性陈列展览，在如此背景下，"纯粹江南——苏州历史陈列"自是无法完全抛弃城市历史叙事这一基本要求，但也希望可以为逐渐通俗化、模式化的叙事型通史陈列创造一些新意、注入一些特色。而这些新意与特色同时也是苏州这座城市的底色。

一、立体的展陈框架

    在筹备苏州博物馆西馆通史陈列之时，本馆的常设陈列是无论如何也绕不过去的一个话题。"吴地遗珍"陈列展览是苏州博物馆新馆2006年落成时，贝聿铭以"吴"字起头打造的四个展览之一，主要用于陈列展示苏州地区考古出土的精品文物。"吴地遗珍"分为四个展区，时间上从新石器时期到明代。第一展区"晨光熹微"，主要展现苏州地区新石器时期从马家浜文化到良渚文化的陶器、玉器和石器；第二展区"争伯春秋"，主要展示的是吴国青铜兵器、礼器以及玉器；第三部分"锦绣江南"，展品以汉、六朝、唐、宋的陶瓷器为主；第四展区"都会流韵"，主要展示元张士诚母曹氏和明王锡爵两座墓葬的出土文物。"吴地遗珍"展览基本是按照时间线组织的，每个展区也有表达阐释的概念主题，且在不同的展区根据时代特征展出了具有代表性的藏品，但与大多数地方馆通史陈列不一样，这是一个断代史陈列。

    为了进一步丰富常设展览的层次，在本馆还设置了"吴塔国宝"和"吴中风雅"两个展区，与"吴地遗珍"并列。说是并列，其实两个展区在一定程度上填补了"吴地遗珍"展览的时间缺环。"吴塔国宝"是以瑞光寺塔、云岩寺塔两塔出土文物为主的一个唐宋交转之际的切面，"吴中风雅"则重点关注明清时期苏州的文人群体和其反映的物质文化、消费生活特征。

    即使将三个展区叠放在一起，也存在一些问题，如展品总数较少、展柜内展品语境组织松散、展区与展区之间时代跳跃性大、展览的嵌套结构层次简单等。针对这一系列长期存在的问题，此次西馆的内容设计中有意铺陈了多层展览体系，从展品的选择到展柜内的语境还原、单元间的层次切分、章回上的组织衔接，力图设计一个逻辑紧密的通史陈列。

（一）展品集群

　　此次展览中所谓展品集群的确定，简单来说即是展品总体数量的确定和具体文物类型的选择，也即是由藏品到展品的这一过程。展品整体数量的确定，其前提是具体的展陈空间、展线长度，有布展经验的同仁可能知道数量上的增减与现场的实际布展效果相关；具体文物类型的选择则与苏州博物馆实际的馆藏、展览定位有着直接的联系，而在苏州博物馆新建西馆的这一案例中，文物的选择还受到东北街本馆常设陈列的钳制。

　　由于展品数量确定和类型选择的基础在于展陈空间和实际馆藏，我们需要先了解一下苏州博物馆西馆展厅和苏州博物馆馆藏资源的基本情况。

　　苏州博物馆西馆从外部来看，一共是 10 个盒状建筑，每个盒状建筑均有五层，彼此之间有廊道相连。"纯粹江南"通史陈列使用了第一层的四个"盒子"，原计划展陈面积是 3343 平方米，最终的实际情况是展厅面积为 2280 平方米，室内可作展陈的面积约为 2000 平方米。从平面上看，四个形状、面积几乎一样的"盒子"组成了一个"凸"字形（图 3-1）。展线上，从下排右边的"盒子"进入，最终从上排单个"盒子"出展厅，整个展线的长度约为 400 米。

　　苏州博物馆藏品总数 24819 件（套），珍贵文物 9734 件（套），其中一级品 222 件（套）、二级品 829 件（套）、三级品 8683 件（套），以旧有考古出土文物、明清书画和工艺品见长。这点在本馆展陈中表现得十分明确，"吴地遗珍"所依托的是一套旧有的时间序列的考古出土文物体系，"吴塔国宝"展示的同样是考古发现的两塔文物，"吴中风雅"则是以明清书画文人群体为底色的工艺品文物体系，再加上定期轮换的"吴门书画"，可以说本馆常设陈列的展品体系，是贝聿铭及其团队对苏州博物馆馆藏资源深入了解后给出的最佳方案。

　　在这样的馆藏资源基础上，要完成一个展陈面积 2000 平方米、展线长度

400 米的通史陈列，其难度是可想而知的。按照每米 4—6 件展品的一个常规考量，总的文物数量应该至少为 1600 件。这个数字在省级大馆看来可能不值一提，但苏州博物馆全部的馆藏不过两万余件（套），还需要兼顾本馆的常设陈列和西馆二楼的工艺陈列。但即使是在这些颇为严峻的前提下，我们在挑选藏品、组成展品集群时，仍然遵循了以下几条基本原则。

一是保证通史陈列的连续性。"纯粹江南"作为一项以时间为序的通史陈列，每个朝代阶段基本都要做到巨细靡遗。苏州博物馆的馆藏资源，甚至苏州整体的考古工作，从时代特征上来说，侧重于先秦、六朝，宋元明也曾有过较重大的发现，但中国历史上最鼎盛的两个朝代——汉与唐，苏州的相关文物古迹资源却不甚理想。我们一方面进一步梳理自己的馆藏资源，发现了天宝墩汉墓群这样极具苏州本土特色的汉墓遗存，甚至还新征集了一座完整汉墓，虽然此次展览并未使用。另一方面也跟进新的考古发掘成果，与当时的南京博物院考古部以及张家港博物馆商谈黄泗浦遗址出土唐代文物的展示利用。

二是保证所选藏品的完整性。这个完整性并不是物理意义上文物的完残程度，而是从文物的出土（或流传）语境和展览语境来说，这件文物不是孤独的、空白的。出土语境的完整性体现在文物发现时的原境是较为丰满的，我们会尽量挑选同一个遗址内同一批出土的文物，这在展厅中表现得很明显，例如展出的新石器时代文物，集中在草鞋山、梅堰、龙南等地层较厚或遗存较丰富的少数几处遗址中。展览语境的完整性体现在文物自身的叙事性上，即文物本身的一项或几项特征是能够为展柜内的展品集群、文物身后的版面内容或周边的艺术空间服务的，这点还会在之后进一步详述。反之，即使文物外观是残破的，或是品相不佳的，只要其出土语境或展览语境是完整的，我们也希望它能够焕发新生。

三是保证不影响本馆常设陈列的质量。藏品"分家"是做选择前的重要任务，本馆几个常设展厅根据其设置也有自身的展品需求。如"吴塔国宝"展出的瑞光寺塔和云岩寺塔文物就不可能大批量地转移到西馆，其中处于展区中心位置的秘色瓷

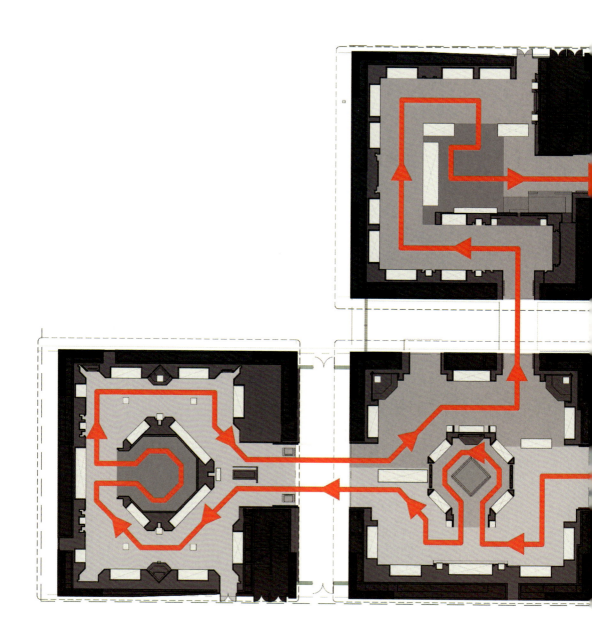

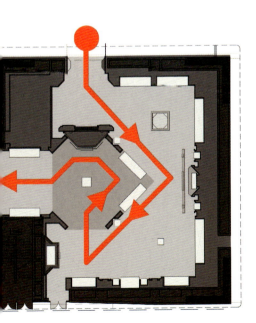

图3-1   "纯粹江南"展线设计图

图3-2　木质彩色狮子

莲花碗、彩绘四天王像内木函（复制品）、真珠舍利宝幢（复制品）更是不可动其分毫。我们的解决方法是，同样以宝幢为例，整体的复制品宝幢是不可以移动的，原件由于大多数组件材质脆弱，也不可能再在西馆复原组装，于是我们挑选了其中不易受影响的一些小部件，如银质小狮子、木质小狮子（图3-2），放置在"纯粹江南"展厅之中，在满足了展览需求的同时，也暗含着两馆之间的联动。

　　在这些基本原则的指导下，我们最终确定的展厅文物总数为1200件左右，精品文物100—150件。这一数字未达到最初的1600件的构想，因为在实际的布展过程中我们发现，为了展柜内整体的协调，进一步精简文物数量能够使展厅更加和谐美观，也是必要的。

图3-3   "纯粹江南"基本陈列中的展柜组合

（二）展柜集群

　　展柜在大多数的博物馆中，是陈列文物且向观众展示传播文物信息的唯一介质，其重要性不言自明。展柜也并不单指物质形态上的单一玻璃柜，展柜内的展品集群、版面内容、说明文字在经过组合，形成统一的视觉界面之后，方可以向观众有效地传达展览信息。接下来，我们将从处于空间内的展柜和展柜内的空间设置两方面，来介绍此次的展柜集群安排。

　　我们相信，展柜本身的外形设计和组合会深刻影响观众的参观体验。"纯粹江南"陈列中，一共使用了91个展柜，第一单元21个，第二单元17个，第三单元23个，第四单元30个（图3-3）。大多数展柜的高度与纵深相差不大，高3米上下，纵深1米左右。鉴于每个展厅"盒子"的原始结构都是一个棱长25米的正方体，为避免让观众产生“重复参观”的疲劳感，不同长度的展柜和其组合的重要性被强调。在安排展柜时，我们首先尽量避免完全相同的两个展柜前后出现，同一视觉空间内多是长度各异的展柜组合；部分相同展柜我们也采取了多样的排列方式，如两个展柜并排、相对或组成一个折角。其次，关注展柜的观众或许可以发现，尽管大多数展柜的顶部高度是一样的，但较低的空间视域内，一些展柜是完全落地的，还有部分是半高嵌入墙体式的，观众即使在埋头行走的过程中，也可以通过展柜外观感受到展览的节奏变化。

与展柜在外部空间中强调差异不同，展柜的内部空间我们首要保证的是统一。所有展柜内的参观视线高度都是按照 1.6 米（图 3-4）设置的；每个展厅展柜内的颜色是一致的；说明牌均是使用配合展柜颜色的泰丝布丝印而成。这些给予了观众视觉感受上的统一。展柜内挑选的展品是为同一项柜内主题服务的，如第三展厅的“天下用足”展柜中的展品，材质上涉及陶瓷、金属、玉石、骨蚌，看似毫不相干，但联系我们前文所言文物的出土和展览语境，就可以发现，大石头巷出土的陶模具和吴江叶桀墓出土的白瓷其实都是选取了文物共同的手工和贸易属性，以说明宋元时期苏州市井生活的多元、繁荣（图 3-5），这是给观众传达信息时的统一。此外，苏州博物馆展览的说明和版面文字向来不多，相较于使用文字阐释展览的模式，更倾向于借助环境烘托和组合展品形成语境意义，这也是从本馆延续到西馆的另一种统一。

在此需提一下独立柜的使用问题，有研究者曾提出“独立柜系统天然地隔绝了实物展品和非实物展品的连接。由于独立柜的陈列方式缺少信息展示面，对于展品的阐释很难展开，所以叙事展览里较少采用独立柜对重点展品进行陈列”，并指出“叙事展览与独立柜的使用往往是对立的”。这样的看法显然失之偏颇。首先从叙事展览的定义来看，只要大框架逻辑是依据时间线的，就符合叙事展览的基本要求。在叙事过程中，独立柜的设置和使用完全可以用于衬托展品集群或完善集群意义（图 3-6），例如一个叙事展区的主题本身有表现时

图3-4　展柜内的参观视线高度示意

图3-5 宋元部分"天下用足"展柜（上）
图3-6 展览中针对独立柜的设置（下）

代审美观念的需求，那么在这个语境里，独立柜展品及其本身带有的呈现与欣赏属性也可以构成一段叙事信息，并与整个展厅的叙事逻辑是契合的。其次，有部分展品具有多重的时代意义，无论是从信仰、工艺还是史实角度看，都具有相当的价值，对于这类展品，独立柜或许是其最好的归宿。

（三）单元集群

尽管现代博物馆或许是从文艺复兴时期的好奇柜脱胎的，好奇与兴趣也是促使观众去往博物馆参观的原因之一，但我们在这次的历史陈列设计中，并未刻意去强调展览的新奇价值，而是兼顾展览的在地属性和展览之于构建地区共同记忆、加强群体认同的功能意义。不同于本馆自带的"景区"和"流量"属性，苏州博物馆西馆周边多为商业体、住宅楼和待建的文化场馆，因而社区服务属性是西馆整体从打造伊始就一直注重的。连续两年的观众情况调研也证实了，参观西馆的本地市民要远多于外地观众。

在安特生所著《龙与洋鬼子》中有这样的一段："（在上海）当我问到能否允许我的两位中国标本采集员一起参观博物馆时，我遇到了最棘手的问题：史丹利医生明确表示，博物馆只在周六下午对中国人开放。"这充分说明了早期博物馆的藏珍性和阶级性，此案例还体现了一定的民族性。但即便抛开民族性，博物馆与观众之间的疏离情况在18世纪前后的欧洲同样存在，而公共博物馆概念作为20世纪的重要遗产，在现下这个时代，可能仍残留着300年前的零星属性，如鉴赏为主、美学导向。这些本身作为博物馆展览的一类导向模式并没有问题，不过"纯粹江南"通史陈列希望可以做到的是"拆碎七宝楼台"，从单元集群这个层面开始，以传播文化信息为主要导向，让更多的本地市民逐渐习惯以博物馆作为江南文化的载体，观展这一行为方式也暗化为苏式生活的日常。为此，在文字、文物和配套设计方面，

"纯粹江南"展览章节单元结构

章　回	单　元	小　节
上古华章　吴风越韵	文明曙光	①三山先民　②其谷宜稻　③良渚之光
	吴国崛起	①立国勾吴　②阖闾兴国
	大邦之梦	①夫差称霸　②春申治吴
秦汉经营　隋唐雄州	归于一统	①江东都会　②苏州得名
	江南雄州	—
	民风丕变	①化勇成文　②枕河人家
往事千年　人间天堂	水韵江南	①府设平江　②河街相临　③园林肇始
	鱼米之乡	①天下用足　②海丝新证
	风流雅韵	①府学初开　②人文荟萃　③美美与共
繁华都会　世间乐土	府城变迁	①州县分合　②继故纳新　③半城园亭
	繁雄首府	①财赋渊薮　②工商重镇　③织造中心
	家国在心	①复社继起　②洋为中用　③南社有声
	姑苏文盛	①世家状元　②艺文妙手　③梨园妙音

图3-7　"纯粹江南"展览章节单元结构

我们深知需要添加更多的在地化元素。

　　各个"盒子"展区内的分段单元以及小节，并不是直接与展柜数量对应的。第一展区是三个单元七个小节，第二展区是三个单元四个小节，第三展区是三个单元八个小节，第四展区是四个单元十二个小节。"大邦之梦""江南雄州""风流雅韵""姑苏文盛"……每个单元与小节的标题在外地观众看来都氤氲着江南味道，而对于本地社群，这些单元标题更多含有的是集体记忆（图3-7）。在心理学的基本规律中，如果新的信息同观众的认识结构能够联系起来，那么该信息将十分容易被吸收。标题之下的文物也会激发观众自然而然地提出相应的问题，并引发其思考，比如在"河街相临"的主题之下，为何会放一张木刻熟药仿单？什么叫仿单？仿单上又写了什么？关于这一系列可以预期的问题，我

图3-8　展厅中的紫藤造景

们都在说明牌上做了回答。同时观众在了解基础信息后也能够自然而然地意识到，原来仿单内容只是一条支线，是对知识的补充，制作仿单的药店的位置才是对小节主题的响应，苏州本地观众或许还可以联想到现在仍然地处沿河街肆的雷允上等老牌药店。展厅内的文物并不都有具体的长篇说明文字，为此我们也不得不承认，"纯粹江南"整体的陈列内容对观众来说或许具有一定的门槛，但也值得多次品鉴与玩味。

　　设计中的本地元素也颇为丰富。有的极为直白，如很多展柜中都采用了六角花窗的背景装饰，这是苏式园林的重要元素，也是苏州博物馆本馆建筑设计中的经典；最后一个展厅更是直接移植了一株紫藤标本（图3-8），象征着文脉在西馆的延续。有的设计则较为含蓄，一些展柜与展柜之间的夹角缝隙有意直对着另一展柜空间，这是造园艺术中常用的借景手法；而除了利用这些夹角空隙外，一些展柜有意设计为两面通透，可直接由这一展柜看到他处风物。园林之中还讲求筑山、置石、栽植、理水，这些在展厅中有些以实景体现，如置石、栽植；有些是传统的象征性表示，如碎石枯山水；筑山采用了两种手法，一是西馆建筑西侧的狮子山从展厅间的通道被"借"到了展览中来，二是刘丹的《冠云峰》画作，作为文物起到了假山布景的作用。

自西馆建设以来，苏州博物馆在办馆思路中新提出了"立江南，观世界"，通常的解读都是本馆"立江南"、西馆"观世界"。事实上，两句话在两馆的陈列中均有体现，本馆的"立江南"是江南文化的传播窗口，西馆的"立江南"是江南文化的传承舞台。

（四）章回集群

对章回集群的整合建构需要站在苏州地域角度上进行断代史划分。这点其实在大纲文本确定之前的几次协调会上，多位专家都有过类似论述，即苏州应当按照自己的城市发展脉络断代，而非强行与传统中原王朝统一，这需要对苏州历史做一次较通透的梳理。与苏州博物馆西馆建设几乎同时，由苏州市委宣传部、市社科联组织的《苏州通史》恰好于 2019 年推出首版。作为第一部完全意义上的苏州通史，《苏州通史》系统完整地厘清了苏州历史发展的脉络，全方位地展现了苏州政治、军事、经济、社会、文化各方面的历史风貌，将一个历史的苏州、变化的苏州、发展的苏州呈现在了世人面前。全套书共分 16 卷，并未按照朝代时间长短、正史资料多寡而分配，16 卷里古代历史部分占 5 卷，先秦一卷、秦汉至隋唐一卷、五代至宋元一卷、明代一卷、清代一卷，我们以此作为主要参考，将苏州的旧石器、新石器一直到春秋战国作为第一章回，秦汉至隋唐作为第二章回，五代宋元作为第三章回，明清两朝因为有很多共性因素，因而合并作为第四章回。下面我们将围绕章回集群的切分做一个解释。

在历史学中，旧石器时代到战国时期看似有近1万年的时间跨度，但其实放在考古学中，基本只对应石器时代与青铜时代，而在考古学的研究中，更是常以"先秦"而概之。尽管这个时期在人类的文化文明史中占据了广阔篇幅，但以实际创造的物质文化，以及与我们这个时代以及苏州地方的联系观之，使用一个章回论述足矣。以旧石器时代为例，苏州有且仅有三山岛一个遗址，而在遗址之中又以动物化石和石器为大宗，于是百万年的旧石器时代，在苏州的地方叙事中，只宜用化石搭配石器，以及部分古代环境的推论研究来简单示意。过多的延伸论述会使展览显得博而不精，可信度也会在堆砌的文字和图版中大打折扣。这其实也是非信史时代的主题展陈中容易出现的问题，考古学中讲求"几分材料说几分话，没有材料不说话"，将其强行与并不一定准确的历史文献对应，相比之下，叙述现有遗址、现有文物与苏州城市、区域环境之间的关系，反而是先秦时期主题展览可以另辟的一条蹊径。例如在新石器时代，展陈的重心其实是苏州先民生产生活、手工经济的发展，而非传统的文化演进脉络；在春秋战国时期，在正史中对于吴越地区记载不多的前提下，重点围绕提炼出的"轻死易发"的总体气质布置分配展品。

在前面展品集群的叙述中，我们也提到，中国历史上最鼎盛的两个朝代——汉与唐，苏州的相关文物古迹资源不甚理想。尽管加入了许多近年来发掘的新材料，但展厅的文物数量，以及文物能够表现的历史全貌都是比较有限的。因而在这个章回内，我们希望以仅有的一些集群式文物来展示城市的剖面，再从剖面管中窥豹。天宝墩墓群能够反映两汉时期苏州地区高级别官吏的墓葬区位与随葬等级，而将这些要素与中原地区汉墓相对照，汉代苏州的城市形象也就大致跃然纸上；六朝时期的东南士族群体活动集中发生在以南京为中心的秦淮河水系地区，但无论是孙吴时期的高等级墓群，还是平门城墙下叠压的温润青瓷，都反映了以苏州为首的三吴地区是南朝政治经济生活的重要经略。而到五代至明清，苏州地区的官方历史都有着更加翔实的记载，更为重要的是，随着地方史志编修的兴起和规范，同时期的考古发现基本能与文献资料甚至文艺创作相呼应，这两个章回相较前半部分，展品的安排更加从容，逻辑的设置也更加传统与规范。

二、多线的内容铺叙

历史学发展到今天，各种史学理论的更新已是相当频繁，历史学、考古学的从业者们也都普遍认识到，没有任何一段历史是可以完全重现的。基于观察者、研究者，曾经出现过的历史现象由于学术观点、引用材料的不同会出现形变，乃至重回历史，作为亲历者，由于所站立场、所处视角不同，对几秒前刚结束的同一事件的认识和回顾也都存在差异。所以对于博物馆而言，不应当奢求、更不应强制以完整、准确地重现历史事实作为一项通史陈列的根本目的。但相应的问题也就随之而来，博物馆的通史陈列应该讲什么？虽然历史的重述会发生形变、出现误差，但历史的基本属性是一致的，当我们回顾历史时，可以发现，它总是生活在某一个地方上的人物、发生在某一个空间内的事件集合。地理空间、活动事件和人物角色也构成了通史陈列中向观众呈现内容的三个基本要素，而映射到一座城市的通史陈列建构，它们分别对应着城市史迹、城市史迹内出现的各类重大事件和促使这类事件发生的若干关键人物以及群体。

（一）城市史迹

　　不考虑空间维度的历史是不可能存在的，城市史迹是我们在这次策展中相当重视的一点，从最终的展览定名就可窥一斑：纯粹江南。江南首先即作为重要的地理区位出现在视线之中，展厅序言部分设计的苏州城市建制、地域变化和偌大的蔚蓝太湖投影（图3-9），更像是在展览开篇即向观众宣告：城市的空间并不是传统的、固定的、一成不变的，苏州城曾经发生的故事和我们接下来的展览都将紧密围绕着具体的城市史迹及其分布和城市形态变化展开。

　　开篇为苏州旧石器时代发现的唯一遗址——三山岛遗址，它位于现在东山镇东南的太湖之中，是一大二小的山岛；遗留的动物化石反映了早期太湖东岸迥异的森林草原环境以及气温较今天偏凉的气候特点。在具体的展示中，我们通过文字说明和实际展品强调这个遗址在太湖流域乃至长江下游地区的唯一性和遗址出土的动物遗存的多样性。这二者的结合旨在为观众创造这样的一个联想：三山不是岛，而是与陆地相连形成的一片平原地貌，附近丘陵上森林茂密，平原上水草肥美，河流湖泊点缀其间，森林中老虎、野猪、棕熊、猕猴竞次出没，平原上鬣狗、斑鹿、獾兔互相追逐，河湖边犀牛、水鹿、水牛游荡，而随着动物的踪迹，苏州最早的先民也来此生活，加之三山岛清风岭下出产适于制作工具的石料，这里便成了他们经常

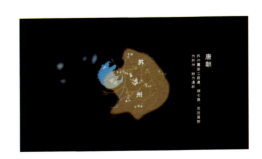

图3-9　展厅序言部分设计的太湖投影切片

像素块的表现形式（我的世界）

图3-10　"文明曙光"单元（上）

图3-11　展柜中3D打印场景的设计稿组图（下）

光顾、专门制作生产工具的季节性营地。在文字以及3D打印场景的双重形式刺激下，三山岛遗址成了讲述苏州城市史迹的源头（图3-10，图3-11）。

在接下来新石器时代的讲述中，很重要的一个信息定位是苏州地区早期的稻作农业，因为这直接涉及江南鱼食饭稻传统的兴起与发展。从城市史迹的展示效果上来说，原生的草鞋山遗址水稻田照片或是缩小复制的场景沙盘可能是我们通常考虑的第一选择，但从提供给观众的实际观感出发，我们发现无论是照片还是沙盘，观众通过其能感受到的往往都只是平面印象，这种平面印象会被稻田的形貌状态束缚，而使观众忽视掉稻田作为生态位本身应该囊括的情境信息与生产链条。因而我们选择了石质农具、陶质炊煮器和稻谷遗存相结合的形式，为观众呈现以一粒稻谷为核心的新石器时代马家浜至崧泽时期定居于此的先民的农业生产和生活模式。巧合的是，同年11月在中国国家博物馆举办的"稻·源·启明——浙江上山文化考古特展"同样以一粒稻、一缕烟、一群人作为展览主线，这也反映了新考古学理论影响下的考古学研究和博物馆公众传播由器物描述分类向主题事件阐释的叙事转向。

在新石器时代我们还埋藏了一条与水相关的城市史迹暗线，主要的三个展柜中放置着梅堰遗址（现太湖东南岸）、龙南遗址（现太湖东南岸）、虎山遗址（现太湖东岸）、草鞋山遗址（现阳澄湖南岸）、越城遗址（现石湖北岸）、徐家湾遗址（现长江沿岸）等遗址模型。苏州其他一些新石器遗址，还有紧邻澄湖的张陵山遗址、临近吴淞江的少卿山遗址、背靠长江的东山村遗址。这些遗址大多临水而建，从地理分布上来看，一方面太湖东岸仍旧是早期人类生存的优选之地；另一方面，现在苏州城内，即西部山区以东的一些湖泊水系，也孕育着苏州的早期文明，再加上沿长江现张家港地区，新石器时代的苏州进入了一个依水而居的文明开发时代，城市史迹也由单一源头逐渐显露出江南水乡的雏形。

展览中我们结合近年来其他地区的城市考古工作，重新诠释了苏州城市考古表现出的历史遗迹分布现象。从现有的发掘资料来看，在今天苏州市区范围内，考古工作者尚未发现早于战国中期的遗迹和遗物，甚至汉代的遗物都很少，我们在展览

图3-12 天宝墩墓群出土遗物的集中展示

中使用的一些六朝青瓷器，基本出土于现今苏州古城北侧平门城墙之下的六朝
墓葬中。天宝墩墓群，位置是在苏州古城东侧的葑门外围（图3-12），还有一批
汉墓则是与春秋战国墓葬聚合于西部山区，因此在苏州西部的战国土墩墓内常
可以看到汉代的遗物，这是因为汉代人在修建墓室时打破了前人墓葬。汉晋一
代有着比较明确的墓地与城市分野的规制，比如汉长安城在东郊设有专门的墓
地，而少见居住遗址。所以此处对汉晋墓葬位置的强调，也是在暗示在现在苏
州古城区的东侧、西侧和北侧都发现有墓群的情况下，汉晋郡治吴县之所在或
许是可以推测的。

图3-13　半城园林的主题展示区

　　除了考古遗址外，苏州城市史迹的另一类载体是大量的不可移动文物建筑。截至目前，苏州共有 61 处全国重点文物保护单位、128 处江苏省文物保护单位和 695 处市级文物保护单位，这些文物保护单位中除了少量的早期遗址和唐宋古塔，绝大多数都是元明清的古典建筑，记录着宋元以降苏州的富庶与繁华。如何将这些史迹点位融入展览，是又一项棘手的工作。美国纽约大都会艺术博物馆在 1981 年大手笔地以苏州网师园殿春簃为蓝本，将古典园林移植进博物馆室内，号为"明轩"。明轩共占地 460 平方米，现已是大都会流量最大的打卡点之一。扬州中国大运河博物馆有着相似的操作，他们在室内放置了汴河剖面、唐代砖室墓、明清石板路等大体量的不可移动文物，加强了展览的原真性。然而以上的操作均取决于展厅的实际体量，当展厅无法满足建筑之内有建筑的空间要求时，大型不可移动文物的出现或许会增加观众参观时的压迫感，却无法为之带来惊喜。但在一项以苏州为主题的通史陈列中，缺少古典园林的参与又着实奇怪。为此我们使用了元素化的处理形式，在四个"盒子"中专门开辟出半个共约 250 平方米的展示面积，利用 7 个形态各异的展柜，设计了半城园林的主题展示区（图3-13）。两个为书画专柜，展示狮子林、拙政园、沧浪亭等经典园林画作，既是将园林微缩到画作之中，给予观众一种直观感受，同时这些画作所描绘的是园林较古早的景象，对于其了解造园观念的变迁也有帮助；四个独立展柜和一个通柜中陈放的是园林中不可或缺的陈列布置，包括家具、摆件、文房、收藏等，这些是大家在游览欣赏园林时常常忽视掉的内在况味。当然，更幸运的是，以上这些文物都集中在明清时期，它们作为第四部分的展品，观众在参观时因时间不同而产生的割裂感也会被弱化。

（二）历史事件

第二个切入点，历史事件。相较于城市史迹，历史事件的展示显然需要多一个解释环节，史迹本身是可展示的实物，但事件，不管是记录历史的文献资料，还是与之相关的实物遗存，都只是某项历史事件的载体，在展示的过程中策展人需要解构历史事件，并对事件载体做进一步解读和阐释。而在观众参观博物馆的过程中，我们也发现他们会对文物背后的历史事件更感兴趣。文物本身外形大小的描述通常是数据化的、专业化的，且相对乏味的，然而陶器的侈口与敛口之分并不会激发大众的联想，但若去讲述怎样的事件导致了古人在制作陶器时将侈口变为敛口，相信许多观众的精神都会为之一振。

历史文献是我们了解苏州城市发展的重要材料。苏州籍著名历史学家顾颉刚曾提出古史辨的论调，并指出今人看到的历史都是层累叠加形成的。在这种论调下，人们在看待文献材料时对其信任度会骤减。但考古材料本身也有其局限性，它固然可以说明已发现遗址区域里发生的部分活动，却极少能记录整个城市在时间和空间维度的广域发展。举一个很简单的例子，很多古代城市遗址都是被叠压在现在的市域中心之下的，这些基本是当今考古工作者无法涉及的区域，更不用说王朝的更迭已破坏了绝大部分的城市遗迹。此时，我们的目光

图3-14　"苏州得名"展柜

就需要转回到文献材料上，去看看文献之中还埋藏了哪些重要事件。

　　历史文献在"纯粹江南"展览的框架脉络搭建中扮演了重要角色。各个展厅的起始部分即依照文献记载，着重介绍苏州各时期的地名称谓、行政建制，而在具体的文物表现上，我们也做出了多样化的区分。秦朝统一天下，在吴地设吴县，为会稽郡治。秦朝国祚短暂，文物资料大量集中在关中辐射区域，此部分我们挑选了馆藏的秦铜权、铜量作为解释，铜权上本身有秦始皇颁布的统一诏令，可从侧面说明会稽郡作为天下三十六郡之一，已被秦朝纳入统治，也为后面进一步解释江东地区如何融入中原传统奠定基础。与秦朝一样，隋朝的统治短促且结束得突然，但它相较于秦朝，文字的内容和载体都要丰富许多，这固然可以帮助增添展厅内的叙事色彩，但对于内容设计而言，也意味着对各类文献材料的辨识使用要更加审慎。以"苏州得名"展柜（图3-14）为例，隋朝废郡级行政区，改州、县两级制，开皇九年（589）

改吴州为苏州，历史上首次出现"苏州"之名。对于苏州本地观众而言，这一时期伴随的重要历史记忆还有苏州迁城，《吴郡图经续记》中最早记载了杨素迁苏州城至横山之东，此后为后世所用，苏州今有地名为新郭处，也被认为是隋朝新城的遗留。但这些文字不见于《隋书》《旧唐书》《新唐书》等正史中，且"杨素筑城"的故事见于今绍兴、杭州等多座江南城市的地方史志之中，具有浓烈的模式化倾向。因而我们在具体组织展示内容时，选择了更稳妥的讲述方式，弱化杨素迁城这一疑点颇多的事件，而重点叙述隋朝的时代背景以及隋人连通大运河为苏州城市发展带来的巨大影响，选择的展品也从《吴郡图经续记》等古籍类文物改为隋朝白瓷、《大运河图卷》等彰显王朝特色的经典范式。

但古籍类文物有其本身的展览价值，苏州博物馆也恰好在古籍的收藏保护和利用方面有专长。自20世纪60年代，苏州博物馆草创之际，前辈们便积极搜求古籍文献，而社会贤达亦纷纷响应，捐献家藏珍品。朱德元帅的老师李根源先生、民国元老何亚农先生的子女、曲园后人俞平伯先生、海粟楼主人王佩诤教授、顾沅后人顾翼东教授就是其中的代表。经过60多年的不懈努力，苏州博物馆古籍图书馆收藏的古籍总量已达10万余册。在古籍资源的利用方面，苏州博物馆也在数字化平台上线或出版了大量的古籍善本，累计达1.5万余册，但古籍的存续与传播或许并不仅仅在于文本的复制，藏诸名山的古籍善本和传统金石学一样，需要走出"收藏"的一重天，走向陈列与阐释的新领域。为此，我们在"纯粹江南"历史陈列中甄选了一批古籍善本，它们不仅有着原始的版本价值，而且与苏州历史息息相关。如前文提到的北宋朱长文的《吴郡图经续记》（图3-15）以及时代略晚的南宋范成大的《吴郡志》都被放置到了第三章回的"人文荟萃"版块。这两套方志体例均已臻完备，《吴郡志》更被四库馆臣称为"著书之创体"，对于此后地方志的修订起到了范本作用，也响应了苏州地区两宋时期文教昌盛的主题设置。我们在展示时，也有意选择了"苏湖熟天下足""天上天堂地下苏杭"等口口相传的民间谚语所在的页面，于唤起观众的共同记忆大有

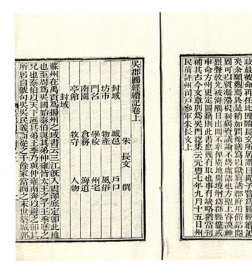

图3-15　北宋朱长文《吴郡图经续记》书影

裨益。第四章回伊始，明卢熊《洪武苏州府志》、明王鏊《正德姑苏志》与展柜内的进出水门旱关水关对牌、木刻苏州城厢图相得益彰，反映了苏州城至明清时期的行政区划和城市建构。同时卢熊的《洪武苏州府志》传本稀少，目前所知仅国家图书馆、南京图书馆各有一套刻本，台湾藏有一套抄本，对于古籍爱好者而言，也不啻为一道盛宴。

（三）关键人物

　　从《史学概论》对历史人物的定义来看，社会现象是在人的活动的基础上发生的，历史过程由于人的活动而完成，历史由人创造。唯物史观充分肯定人民群众推动社会发展的决定性历史作用，同时也积极评价个人在社会历史发展过程中的重要性，但反对夸大个人作用和个人崇拜思想。因而我们此处所谓展览中的关键人物，其实即是将目光投向了那些在苏州城市历史发展过程中具有重要性的个人或人物群体。通史陈列中关键人物的介入有别于人物类专题展，并不以人物生平事迹为叙事核心，而更多关注人物行为之于城市和具体事件的作用与意义。

在一定程度上，人物本身会超越城市、历史和文物，给观众带来更多的畅想，也为展览评述提供更多的讨论空间。以第一章回中叙述吴国历史部分为例，整个展厅最核心的位置既不是苏州现象级的王级墓葬真山大墓，也不是工艺奇巧的蟠螭纹三足盉或菱形暗格纹剑，而是一把造型厚重、纹饰古朴的征集铜剑。因为这把剑上有着"攻吴王夫差自作其元用"的十字铭文，从春秋到战国于苏州城内外发生的种种故事和从"大邦之梦"到"春申治吴"展柜内的件件文物似乎都有了串联的红线和参照的标准。串联的是吴越的"轻死易发"精神和在铸剑方面的超凡技艺直接促成了专诸刺僚的刺客故事，此后阖闾上位，其子夫差方才得以继承王位。多个展柜铺陈缀合的吴国崛起故事，在观众看到吴王夫差剑的那一刻，剧情达到高潮，这种关键人物带来的情绪渲染往往是单一的历史事件或精品文物所不具备的。参照标准是，例如观众在看到楚国郢爰被安排在夫差剑之后的展柜中，会自然而然地意识到此时苏州的"主人"已从吴国变为了楚国，楚式风格文物的数量开始增加。许多观众或许本身对精确具体的历史时间线并不敏感，此时关键人物的出现可以使他们产生对相对时间的预判，即哪些故事、哪些文物是出现在吴王夫差之前的，哪些又是出现在吴王夫差之后的。对于城市通史陈列而言，能让多数观众产生对时间线的判断，其实已是颇为不易。

到了第二章回的汉唐展区，史籍中的记载更加详细，历史人物的形象愈加丰满，此时对于展现人物特征的展品其实提出了更高的要求。苏州博物馆收藏有一套清代"剔墨帝王将相相册"，其中三位与汉唐苏州牵连甚大。一位是项羽，史载于吴中起兵反秦；一位是孙权，其母吴氏为吴郡吴县人；一位是白居

图3-16　清代"剔墨帝王将相
相册"白居易页

易，曾任苏州刺史（图3-16）。本身三人的故事可进一步丰富略显单薄的汉唐展区，
可惜苏州汉、唐文物资料着实稀少，为了更好地表达这一时期苏州由吴越向江南过
渡的时代面貌，我们选择了资料相对丰富的六朝，并将重心放在了吴国孙氏家族身上，
同样这一关键人物群体被放在了展区的中心位置。汉唐展区中心为一平面呈八边形
的独立空间，八边形入口一侧展示有一件青瓷五联罐，出土于苏州青旸地墓群，部
分同时出土的墓室石门楣、菱形镂空石窗等也被纳入了中心展区，由于墓地北侧原
立有"汉故破虏将军孙坚孙策碑"，因而此墓群也被认为与孙坚、孙策二人有关。
中心展区内还陈列有虎丘黑松林墓地出土的石构件，黑松林墓地中可归为孙吴时期
的墓葬有五座，其中 M4 是目前苏州地区发现的六朝墓葬中单体面积最大的一座，
间接说明了墓主的身份地位。中心展区内部两侧为多件金饰，出自虎丘路新村土墩
墓群 M1、M2，同墓地内 M5 还出土了印有"吴侯"字样的墓砖，这些文物也是
用于展示墓主身份等级甚高，且与孙吴宗室联系紧密。我们在展厅展示并解释这三
处墓群的出土文物时，重点并没有放在为观众辨明确切的墓主身份上。三处墓地的

年代明显有着前后差异，这表明苏州至少在很长的一个时段内，一直是孙吴家族相当重视的核心区域，这种重视源自苏州作为孙吴发迹时的政治中心，寄托着孙吴宗室的家族观念。这种现象在孙吴之前的苏州并不常见，或者说并不明显，展厅展示的孙吴宗室文物，而同期所谓"吴郡四姓"的概念，说明在这一时期苏州出现了真正对城市产生认同感的世家大族，以往吴越所突出的族群概念也被从中原带来的宗族观念同化，苏州在由原本的吴越边地概念向统一国家内部的江南概念转型。同时，这一部分也围绕孙吴家族高等级贵族墓的发掘研究和理念变化做了梳理和展示。

三、展览的节奏变换

这一部分我们以浙江大学许捷博士的《叙事展览的结构与建构研究》中的相关观点，作为回溯展览、讨论展览节奏变化的主要依据。在论文里，他套用了法国文学理论家热拉尔·热奈特在叙事文学中关于时间的论述观点，认为展览中的时间概念可分为故事时间和话语时间，故事时间是指展览内容涉及的时间跨度，话语时间是指观众参观完整个展览大致花费的时间。策划叙事展览的过程，就是策展团队通过对故事中事件顺序、等级的调整，把故事时间编辑为话语时间。他又进一步以浙江省博物馆通史陈列"越地长歌"（原武林馆区）为例，借用热奈特在分析故事时间和话语时间关系时提出的"顺序"和"时长"概念，对这一基本陈列的时空节奏做了解剖。

　　"顺序"指故事时间和话语时间的相对顺序，二者时间线走向相同，则为"总体顺叙"；故事时间线的多重性反映到话语时间上，会形成"局部的重叠"；原本覆盖大跨度时间轴的故事时间被浓缩安排到了话语时间的末尾节点，被称为"闪回"；在故事时间内周期性重复发生的事件为"循环"，这些循环时间在话语时间的编辑中往往只会攫取其中的一段。

　　具体到我们的展览中，"纯粹江南"展览总体采取了"顺序"的叙事方式，故事时间上从1万余年前的三山岛遗址一直到程德全主导和平光复，话语时间从史前先秦到汉唐、宋元，直至明清，二者时间线走向相同，符合"总体顺叙"的定义。不过为了避免使受述观众对统一的由早及晚、由先到后的顺叙模式感到厌倦，策展团队对故事线进行了切分，具体章节需要具体讨论。如第一部分"上古华章　吴风越韵"大体采取了一个严谨的顺叙模式，从三山岛旧石器讲起，在经过马家浜和崧泽时期的聚落演进和农业发展后，递进到良渚这样一个处于文明初阶的复杂社会，再经由"立国勾吴""阖闾兴国"，第一展厅的情节在"夫差称霸"段落达到高潮，最终以"春申治国"作为收尾。

　　后面三大部分则不再遵循严格的顺叙结构，对"局部的重叠"这一手法的使用更加频繁，即多个长时间线事件在同一展区内叠压并列叙述。第二部分"秦汉经营　隋唐雄州"下设三个单元，"归于一统"主要讲述苏州由秦汉至隋唐的政治、建制变迁，"江南雄州"重点表达这一时期苏州在全国范围内经济地位的提升，"民风不变"又重新回到汉晋，再次讲述苏州重教崇文的思想是如何萌生和发展的。第三部分"往事千年　人间天堂"和第四部分"繁华都会　世间乐土"的结构也不外如是，因而即使不是严格的时间顺叙模式，在第二层次的各"展厅"之中，事件的排布还是被赋予了较为固定的重叠结构，基本按照政治建制—经济发展—人文信仰的模式逐一叙述。这一框定架构使得第二至第四部分的总体思路呈现比较清晰，不过政治、经济、人文按照固定顺序排列，缺少了对三者实际关系的辩证表现，难免会使观众形成"政治制度等上层建筑导引经济人文发展"的思维定式。

　　许捷在分析"越地长歌"时提出其使用"闪回"方法的案例是：在明清浙江展区内，回顾了唐代至明清浙西海塘的建设历程，从展厅内的展现形式来看，这一历程的界定其实很简单，就是海塘修建的大事年表。如果以此为标准作界定，"纯粹江南"可能很难找到一个准确使用"闪回"方法的例子，除了各单元说明外，出现在展厅内的文字信息实在匮乏，更不用说总结式的大事年表。但若考量"闪回"的适用性，即描述大幅度跨越时间周期且只需要在某个点着重突出，那么展厅中其实隐藏着多个"闪回"时刻，例如苏州造园传统在第三部分的展厅设置中已有表现（刘丹的《冠云峰》、盆景园中的元代九狮础等），园林的专题表述则出现在第四部分。做出这样的设置很明显是基于明清时期苏州园林的高光地位，而不是由园林诞生的先后时间顺序决定的，与之类似的还有昆曲、文人山水画等底蕴丰富的艺术表现形式。因而，如果以"纯粹江南"的视角，再重新看待许捷提出的"闪回"手法，可以发现这一手法一般都出现在一项叙事展览的最后阶段，且通常都用于这一时期的一些高光艺术表现形式或者传统工艺技术等有着固定源流的展示内容。

　　"循环"与其说是一种具体的有据可依的方法，倒不如说是针对历史上存在的种种循环往复的事件、现象，如何找到合适且优良的表现形式。许捷试图从摄影哲学中寻找答案，为此他引入"决定性瞬间"的概念，认为在循环发生的历史中，需要找到并呈现让历史发生变化的决定性事件，例如萧山围垦博物馆所展现的 20 世纪治江造地历程，由于具体的围垦行为是循环往复的，此时就需要重点关注发明泥浆泵等促成阶段变化的决定性瞬间。"纯粹江南"展览中没有叙述绝对的循环往复行为，但在一些案例的选取上，也有意寻找所谓的决定性瞬间。苏州在历史上向来以文教昌盛而闻名，但在展厅中如果专门设置一部分来讲述苏州的文教发展，一是显得过于冗长，部分内容难以避免地会出现重复，二是与其他部分的叙事表述会形成强烈的割裂感。所以我们分别在展厅的第三部分和第四部分设置了"府学初开"以及"世家状元"两个小主题，内容上讲述范仲淹创立苏州地方官办学府和明清时期苏州状元涌现两个经典时刻。府学初开其实是宋元以后苏州文教昌盛的"因"，世家状元则是封建时代地方教育刺激下的"果"，其间的教育形式、授课内容等相差不大，也不应是一项地方通史陈列关注的重点。因此简而言之，如果要概略表现一个循环事件，相较于过程，事件的因与果往往会更引人注目。

"时长"其实是指展览叙述事件的故事时间，即事件上的跨度。许捷引用了美国结构主义叙事的代表西摩·查特曼对编辑时长的五种解释：概述、省略、场景、拉伸、停顿。可以看出五个词其实作用的对象都是故事时间，形成的结果都是话语时间，分析时长的过程即是在比较展览实际时间跨度和观众参观展览可能花费的时间长度。由于给出的五种方法相较于"顺序"中的种种定义要容易理解得多，我们将在接下来的具体案例中，对每种方法作简单的解释。

"概述"其实是通史陈列的常态，一项叙事展览的话语时间往往要比故事时间短得多。展厅内概述程度的分布也并不均匀，许捷分析"越地长歌"展览，指出一、二单元占据了故事时间的98%，话语时间大概只占40%。"纯粹江南"一、二单元占据了故事时间的90%，话语时间也是约占40%。从这一数据来看，我们不得不再次承认，长江下游环太湖地区的地方博物馆有着普遍的共性，这种共性不仅影响着藏品体系，进而也直接影响了通史陈列的基本结构，叙事展览很难跳脱这样的故事时间编辑模式。

"省略"则是完成概述的重要工具。许捷认为文学和电影中的叙事省略是可控的刻意制造，展览中的省略则是在故事时间中就已存在，并被一起带入了话语时间的编辑中，形成了若干不可控且不可知的空白。这点我们自是无法否认，在前文讨论历史事实时，已给出了类似的说明。但作为一种可使用的方法，我们在此处还应关注展览中是否存在刻意的"省略"，即历史事件本身的文献记载较为丰富，也存在可对应的文物展品，但在实际的实施过程中，却选择了略去不表。这样的情况必然存在，例如在使用"循环"方法时，我们只重点表现了苏州文教中的"宋代府学"

和"明清状元"两个部分，但宋元状元或者明清县学其实也都有相关的文物实证和翔实的文献记载，那此处的省略其实就是要刻意突出范仲淹创办府学带来的近千年的深远影响。在苏州博物馆本馆的常设陈列中，刻意的省略使用更加频繁。本馆"吴地遗珍"展览的故事时间为新石器时代到明代，但"晨光熹微"展区在展示良渚文化相关文物后，承接的"争伯春秋"展区直接快进到春秋战国之际的吴国故事线，尽管苏州博物馆有一批新石器时代末至春秋初年的藏品，如出土的马桥文化文物、早期的印纹硬陶、原始瓷和征集的夏商西周青铜器等，但由于苏州博物馆本部地处拙政园、狮子林和平江历史街区附近，在一个景区集群内，入馆参观的游客数量要远高于以参观博物馆为目的的来访者，吴越争霸主题对于观众是一个相对马桥文化、南方青铜文化来说更为熟悉的展览背景，在这样的前提下，打造多个碎片式的精品故事要比上下五千年式的平铺直叙更具记忆点。

"场景"指故事时间与话语时间相同，在展览中表现为还原场景内的正常时长的动态影像。其基本的要求是，观众既不能快进，也不能放慢来观看一段动态耗时场景。以上这些标准颇为严格，许捷也认为"场景"的使用在一项长时间的叙事展览中并不多见。依此来考察"纯粹江南"展览，能吸引观众驻足观看的动态项目基本都是多媒体影像，如序厅的建制变化，第一部分的太湖成因、刺客故事，第二部分的线刻画像石发光材料，第三部分动画化的清明上河图，第四部分也是影像化的《姑苏繁华图》。以上这些多媒体影像都不是一个具体场景的重现，其故事时间和话语时间的长度也并非完全统一。因而，这或许也验证了许捷的观点，即"场景"手法的使用更适合时间跨度小、需要充分展示细节的叙事展览。类似的手法还有"拉伸"，即故事时间要少于话语时间，这样的案例在"纯粹江南"中更加罕有，因为往往一个展柜就包含着百年以上的故事时间，而多媒体影像也基本是一种快进式的呈现。

"停顿"是指中止故事时间，延续话语时间。许捷同样以"越地长歌"为例，指出在一个可供观看的空间内，一侧是临安城的模型，另一侧是对西湖十景的描绘，这种描述截取的时间断面的方法即为展览中的"停顿"。而在"纯粹江南"中，"停顿"使用最多的大概就是第二展区了。在其中的"江南雄州"部分，为了扩充汉唐之际衣冠南渡的展示内容，我们将汉代和南朝的墓葬从时间维度中剥离，定格在两个相对的空间中，一个设计为以天宝墩汉墓出土文物为主的仓储式陈列，一个设计为以孙吴宗室文物为主的半开放且带有原生文物和后期艺术创作的话语空间，以展品集群面对面的对话形式增强这一特殊历史时期的叙事性。这种带有停顿意味地对时间进行切剖，会潜在地使受述者增加空间内展品比较这一参观行为，从而达到延长观众第二展区参观时长的目的。我们已多次提到，第二部分"秦汉经营　隋唐雄州"是四个展区中面积最小、相对可使用的文物数量也最少的一个。"停顿"手法下隐藏的是对时间剖面的强调，这一手法可以帮助策展团队加重笔墨去关注这一时段内的一项重点事件，从而缓解文物整体匮乏、时代分布不均的尴尬，以及随之而来的叙事表现上的滞涩。从环太湖地区地方博物馆的城市通史陈列设计来看，各家多使用"停顿"的手法，可能也更有助于城市特色的凸显，从而避免相近地区的地方历史叙事中出现千篇一律现象。

尽管许捷在其博士学位论文《叙事展览的结构与建构研究》中将展览叙事与电影叙述进行类比研究，但二者还是有根本区别的。展览和电影都是文本的载体，然而电影文本可以通过角色的语言和肢体表现给出更直观地呈现，展品却无法发声，更无法行动，将大量的展览文本直接置于展厅之中也是一项颇具风险的挑战。因而与其说展览与电影有着相似的叙事表现，倒不如说展览更像一部充斥着留白和蒙太奇的默剧，而通史陈列则类似于需要客观陈述实际发生事件的纪录片。值得关注的则是，热奈特分析叙事文学也好，许捷分析电影或是展陈叙事也罢，他们均是以故事时间和话语时间两种时间概念为切入的，但无论文学、电影，还是展陈或是其他的艺术表现形式，其实均含有第三种时间表现。故事时间是文本发生的时间线，话语时间是观者接受叙事输出的时间线，叙事创作者本身必然还存在着一条创作时间

线，这是我们在分析或者评价一项展览时常常忽略的一点。文本的创作并不是
完全基于故事时间空间的客观叙述，它与创作者所处的时代、个人经历、使用
的理论方法、面对的实际情况均有关。以"纯粹江南"为例，大纲文本的创作
无法脱离近年来甚为流行的叙事展览理念影响，这种"无法脱离"与内容设计
者的个人因素有关，也有外界的客观影响。同时文本创作不似田野考古发掘有
一套相对规范、不会随意进行人为调控的标准，而需要考虑展厅的设计、实际
的展品、临时的指导政策以及经费、时限等实际因素。

四、空间的解构重建

在"纯粹江南"展览策划伊始，我们就已清楚，无论是在策划过程中，还
是展览开展后，无论是对于专业人士，还是常规观众，西馆与本馆的比较都将
是一个持续且热烈的话题。因此在西馆通史展厅规划空间、设计形式之前，对
苏州博物馆本馆基本的设计分析是无可避免的。以本馆主题接近的历史陈列"吴
地遗珍"（图3-17）为例，策展人对展厅空间内文化气氛的烘托要多于对展品实
体空间的渲染。展厅空间的设计主要是从江南美学角度出发，例如方正的展厅、
不时"客串"的自然光白墙与深灰色边饰组合的动线空间、匹配出土文物语境
的土黄色内装、六角形花窗，以及借花窗取景等。从苏式园林和考古发掘中借
取的这种设计感或能较好地呈现展品的原生语境，或激发观众以审美视角品鉴
一组展品，但在一个地方史的陈列中，其与展厅内大多数文物原本所处的故事

图3-17　苏州博物馆本馆陈列"吴地遗珍"中的花窗

空间或历史情境是割裂的，而且四个展厅的空间布置变化不多，无论是展柜还是展厅，同质性较高，对博物馆建筑和展陈风格统一性的强调要多于对历史线条的情境还原需求。同样，为了保持这种统一性，展览也减少了文字的使用。背景故事文本的架构只出现在每个展厅入口的概览中，展柜内除了展品标签和标签上少量的器物说明外，再无其他文字符号，即在展品集群向意义集群的构建过程中缺少应有的背景阐释。非实物的辅助展陈工具几乎没有，对故事空间的还原更多依赖展品组合的自我叙事，如王锡爵墓和曹氏墓出土文物的分组陈列。因而虽然从结构上看，这是一个叙事展览，但话语空间的搭建进一步放大了展览作为叙事媒介的非连续性、弱逻辑性、弱强制性等缺陷，给人的感觉更贴近以审美为导向的器物分类展。

　　"纯粹江南"展厅基本的空间规划我们在前述中多少已有涉及，包括各单元几何平面的中心展项、展厅内的色彩元素以及自然光源的引入等；在具体的形式设计中，与本馆一样刻意减少对文字符号的使用，这似乎成了苏州博物馆的特色，除了展厅概览和展签文字外，尽量减少话语空间内的文字植入。不过不同于本馆的常设展陈，"纯粹江南"对展陈空间的利用做了多样化的处理，使得空间不只为渲染展品气氛而存在，也暗藏着定量的展示信息，衔接单元与单元之间的叙事。同时文物也可以不作为展品而存在，或者换言之，文物并不只作为主角叙述文物本身的故事，也可以作为展厅或展柜主题的侧面衬托。以上两种情况，在这次展览策划中频繁出现，部分实现了文字符号的既有功能，使得展厅在文字稀疏的前提下，也不致丧失叙事时空上的连贯性。我们暂将之称为"作为文物的背景"和"作为背景的文物"。

（一）作为文物的背景

　　"作为文物的背景"又可统称为展览的辅助展品，陆建松将辅助展品进一步分为两大类，即科技的辅助展品和艺术的辅助展品；而在严建强看来，科技和艺术辅助展品同文物与图文一道组成信息组团向观众传播特定信息的固定模式，代表着现下流行的信息定位型展览的发展与成熟。作为一个信息导向的叙事展，我们的展览中为主题和文物服务的科技辅助展品大致也符合以上的分类。常规的科技辅助展品包括屏幕影像、幻影成像、观众互动装置等数字多媒体技术，它们主要用于呈现实物展品无法直接呈现的社会记忆、现象与过程。部分辅助展品，尤其是互动装置，还需要在展厅中发挥现场社教的功用。

　　屏幕影像搭建的一般是主动面对观众进行输出的动态影像平台，其中又包含视频和音频两大类。"纯粹江南"序厅即使用投影动画，动态展示苏州自春

图3-18   "纯粹江南"序厅的投影动画

秋到清代的政域建制变化（图3-18）。"苏州"概念与建制的时空变化是整个展览的逻辑基础，也是最重要的主线。我们开篇明义，与其让观众在展览中去摸索一条看不见的逻辑主线，不如借助动态影像，使观众在正式参观之前，预先生成一幅有形的时空画面，从而更容易理解后续展览。

　　进入序厅后不久，我们在旧石器时代与新石器时代的交汇处，设置了以"太湖成因"为主题的多媒体动画。主题本身起着衔接旧石器时代与新石器时代的作用，因为从旧石器时代三山岛遗址出土的动物种群来看，彼时的太湖还非今日之模样，而到新石器时代晚期，太湖水面或已成形，为了强调太湖之于古代苏州社会进阶的重要意义，关于太湖成因及其对人类活动影响的展示是不可或缺的，具有必要性。但到具体实施时，我们发现存在两个对于展览而言致命的问题：一是太湖成因没有定论，无法给予观众白纸黑字式的明确信息；二是从已有的太湖成因诸假说来看，没有一项假说能够提供可展示的文物标本。因而使用科技辅助展品成为唯一出路，具有不可替代性。为此，我们整合了潟湖说、构造说、气象说、河流淤塞说、火山喷爆说、陨石冲击说等六项关于太湖成因的主流观点，深入了解各观点下太湖形成的具体过程，并以此为基础，确定分镜头脚本，制作三维动画。同时在每个观点的展示过程中，还制作了专题音效，如水拍礁石、闪电雷暴、火山喷发等，此举在于弱化各学说下专业的理论推演带给观众的疏离与不解，以特征音效加强其对基本知识观点的记忆。

从多媒体视频的呈现形式来看，太湖成因的多媒体动画依旧是较传统的一种多媒体表现形式，与之类似的还有第三展厅内的宋代苏州城市，以及第四展区起首的经过数字化处理的《姑苏繁华图》等。其传统性表现在多媒体所展示的数字内容具有固定且完整的叙事逻辑或故事场景，视觉的呈现较为炫目华丽，使用的也仍是视频编码的技术原理。而在"纯粹江南"的展厅中，我们还使用了一类非常规的视觉呈现形式，典型的案例有两处：一处是第二展厅中心位置的黑松林线刻石屏风的呈现，另一处是第三展厅出口位置张士诚纪功碑的重现。线刻石屏风出土于虎丘黑松林孙吴墓葬 M4，画像分上中下三层，共计有 11 位线刻人物，原件现于苏州博物馆本馆展出。屏风上的人物背景目前还有诸多争议，有仙人之说，有吴越争霸人物之说，有列女故事之说，所以当使用这块屏风图像与孙吴六朝展区主题相呼应时，我们无法从定论的角度为这块石屏风梳理出叙事线条，也就无从由还原故事的角度去编辑多媒体影像。在这样的前提下，我们选择了一种类水泥材质的发光材料去滚动展示石屏风中的单体人物，相对于人物故事，线刻的笔触与艺术的风格得到了放大表现（图 3-19）。相较于传统多媒体对于文物故事性的还原，这种新形式更多还原的是文物的原生肌理，而与文物相比，拓片其实是将文字或图像的载体转化为纸张，呈现也从三维立体变为二维平面，这类类水泥材质的发光材料，却仍然保有了石质文物的质感，

图3-19　黑松林线刻石屏风的多媒体呈现

甚至是雕刻过程中的一些细节处理，同时也弥补了原文物或者文物拓片在视觉表现上的一些劣势，如画面过小、线条浅薄漫漶等。

　　这种材质的多媒体呈现，其实已近似将背景拟化为展厅中的一件数字展品，除了为观众提供背景知识的介绍外，本身也具有一定的欣赏价值，即接近陆建松所谓的艺术辅助展品。"纯粹江南"展陈中也同样使用了艺术辅助展品，且使用情境多样，按照艺术辅助展品所处的展厅空间，大体可分为两类：展览动线上的艺术辅助和展柜空间内的艺术辅助。动线上的艺术辅助，如在第一展厅吴王余眜剑独立柜周边设置与刺客故事相关的艺术装置（图3-20），这组艺术装置是由黑色金属线绕制的三件人物立体像，一人挥短兵直刺，一人惊恐坐地，一人正欲拔剑格挡，黑色金属丝延伸的设计营造出了迅疾如风、迫在眉睫的场景质感。配合周边青铜兵器的展示、剪影风格的多媒体影像和一套可与之互动的吴越故事介绍，观众对这套艺术装置可

图3-20　刺客故事相关的艺术装置

以产生不同的解读。它可以是专诸刺王僚，也可以是要离刺庆忌，甚至可以被联想成荆轲刺秦王。此时多层次辅助展品的运用，所起到的主要作用并不只是介绍背景故事，更是以令观众身临其境的场景配合具体文物，使其感觉到当时吴国的一种社会风气，或当时苏州的一种气质。

　　另一类即是展柜空间内的艺术辅助，如第一展厅"三山先民"展柜内，我们以3D打印的卡通化的古人类采集狩猎场景配合三山岛遗址出土的动物牙齿和打制石器呈现。因为牙齿与石器本身能直接提供的有效信息实在过少，以非实物展品增加空间内的语境信息，可以帮助实现展柜内的文物在话语空间内的叙事功能。展柜内还有部分艺术辅助发挥的则是比较纯粹的装饰功用，如在第一展厅真山墓海贝、绿松石贝、孔雀石贝的展柜空间内，我们放置了大量的非出土海贝作为版面装饰；同样是位于第一展厅，真山大墓玉殓葬饰件展柜后的

图3-21　真山大墓棺椁漆绘复原

棺椁漆绘复原（图3-21）一方面是为了完善玉殓葬饰件的出土语境，另一方面精美的漆绘纹饰也起到了点缀装饰的作用。而在整个展览中，有一套艺术装置，它既是展览动线上的展品辅助，也是展示空间内的展品辅助。在第二展厅的中心展区，我们首先搭建了类似南朝墓室的一处实景复原，且为了防止观众误认为是原件展示，特地使用了金属质地的结构框架。接着一件件青旸地墓葬、黑松林墓葬出土的石质构件被置于这一场景中，艺术装置因为文物的出现而摇身一变，成为一处开放式的展柜，这是过去未曾想到的艺术类辅助展品的一种新的应用形式。艺术类辅助展品在当下日益成为营造展厅氛围的必要设备，它是引发观众联想的一个引子，观众也因之对展览本身产生更加独特而深刻的理解。

（二）作为背景的文物

　　然而总的来说，以上用以衬托文物的辅助设置，在当代博物馆的展陈设计中运用得其实已相当纯熟，但在一个博物馆通史陈列中放置数量较多的非原生展品或纸本，难免会造成喧宾夺主的尴尬。这与博物馆所应建构的空间感也是相违背的。博物馆与其他公共文化场馆不同，不管是内部设施的摆放还是装修，都不是专门为欣赏一件现代工艺作品或长时间的阅读而设计的。此次"纯粹江南"展览在一些展柜中和展厅内有意放置了可代替非实物展品或文字而作解释用的藏品。

　　展柜中出现的一些背景式文物有如下几个特征：一是这些文物一般都出现在展柜背板墙面上，即正常图版内容应该出现的位置，这也是这类文物被称为"背景"的基本前提，也因此展柜内可以作为背景的文物往往都是可悬挂的书画；二是这些文物的实际创作年代与展柜所呈现的主题年代多数并不一致，即如果以时间叙事的线条为标准，观众乍见之下或许会心生疑惑——这件展品为什么会出现在这个位置，但在对展柜主题有所了解后，作为背景的文物形象也变得丰满起来。在此次布展中，因第二展厅直接相关的展品数量略显单薄，展柜中的背景式文物多出现在秦汉至隋唐主题的第二展厅，以下我们试举两例。

　　第二展厅黄泗浦遗址出土文物主题展柜一方面是为集中展示黄泗浦遗址作为出海集镇的物质遗存证据，另一方面也是要强调与该遗址相关的佛教信仰和东渡故事。然而由于所借展品的出土环境是破碎凌乱的，单独的一件莲花纹瓦当或是铭文砖并不能突出体现遗址的佛教特征，因而我们在展柜内放置了现代艺术家吴冠中的《甪直保圣寺罗汉图》（图 3-22）。保圣寺罗汉像疑为唐宋遗物，吴地礼佛风气由此可窥一斑，吴冠中以长线条游走纸上，勾勒出塑像与洞窟轮廓，似相无相之意暗合佛教思想，强调了这一展柜中关于宗教信仰的叙事及佛教思想对民间生活的影响。

图3-22　展厅中的吴冠中《甪直保圣寺罗汉图》

　　同样在第二展厅，我们在"汉唐之际　化勇成文"的主题展区（图3-23）的展柜内放置了一幅清代书画家夏之鼎、翁雒的《莼菜鲈鱼图册》。莼菜、鲈鱼是苏州名产，也有着深远的历史意义。《晋书·张翰传》载："（翰）因见秋风起，乃思吴中菰菜、莼羹、鲈鱼，曰：'人生贵得适志，何能羁宦数千里以要名爵乎！'遂命驾而归"，后人因此称思乡为"莼鲈之思。"此典一方面可见当时的莼菜、鲈鱼等水生物产已经广为食用，并作为苏州的标志传承至今；另一方面，张翰以思家乡风物为由辞官也反映了当时的社会政治面貌。吴地士族在西晋统一后，多有北上入仕之意，虽然北上吴地士人结局均不甚喜，但江东人士以中原为尚的社会风气却由此而客观存在，也为之后东晋时期衣冠南渡、南北融合奠定了社会基础。

　　在展厅内还有一类背景式文物，它们与展柜内的背景文物特征又有些许不同，在使用这类文物时，我们想强调的是展厅空间与背景文物原始功用间的关系。例如

图3-23 "汉唐之际 化勇成文"主题展区（上）
图3-24 登科人物剪影（下）

图3-25　明清部分的四出头官帽椅

在第四展厅的中间位置，我们没有再营造一个规范的中心空间，而是裸展了一套黄花梨隔扇作为展厅空间内的背景，与展厅出口相平行。宋代以降，在中式建筑的传统语境内，隔扇是区分建筑内外空间的重要象征。因此当隔扇在展厅的这一位置出现，即是作为一项暗示，告诉观众这次参观行将结束。也同样是在第四展厅，我们分隔出一块"登科"展区，出现在观众主要视野内的是非文物的登科人物剪影（图3-24），但在剪影之上，其实还高悬着一块进士匾额，作为完善展区意义的重要背景。以这两件文物为代表，可以看到我们选择让展厅内的背景式文物以裸展的形式出现，即除了为文物做一些定位措施外，不再添加其他的保护展具。与之相对的是，在明清部分的起始空间内，我们放了一件四出头官帽椅（图3-25）和一件青花瓷台面红木方桌，这两件文物虽然也都是单独出现在展厅空间内，但因为二者的放置既没有体现原始功用，又另有玻璃柜外罩保护，因而并不能称作展厅内的背景式文物。

　　总体而言，在考虑将文物作为背景时，我们需要从三个角度去判断并延伸背景文物的价值。一是作为背景的文物并不是指这件文物只是作为展览空间内的一种装饰，它的存在是为了更好地完成展览空间内的信息组合，是连接主要展品和展示空间的纽带；二是文物作为背景使用时，对于展览流线是一种有效调节，是插入漫长叙事线条中的一抹亮色，当这类文物出现时，我们可以忽略展品的时代标签，而关注文物的表达、作品的原貌；三是在展览设计中加入一部分背景文物，是激发馆藏文物活力，尤其是那些深藏闺阁、少见天日的文物活力的创新手段。在"纯粹江南"展览中，即使是背景文物也都拥有自己的介绍标签，这是践行文物活化利用的有效形式。

纯粹江南
技忆苏州

Pure Jiangnan
Memories of Suzhou Crafts

一、千年苏作

由唐至元，江南成为中国经济文化的重心，不仅是国家财赋重地，更因人文蔚然，发展为人文渊薮。工艺美术是江南文化极为重要的构成要素，而江南文化首看苏州。

苏州得自然、经济、人文生态之利，经济繁盛，人文荟萃，尤其到明代中叶，苏州出现城市繁荣的新局面。借助于经济上的宏观调整，本已具有相当基础的手工业迅速发展，与农业一起成为苏州经济的两大支柱。手工业生产和消费成为城市的一道亮丽景观，"凡上供锦绮、文具、花果、珍馐奇异之物，岁有所增，若缂丝累漆之属，自浙宋以来，其艺久废，今皆精妙，人性益巧而物产益多"。及至嘉靖、万历年间，苏州手工业，如金银器、铜器、玉雕、木雕、竹雕、牙角器、漆器、灯彩、装裱、刺绣、缂丝、织锦、制笺、制扇、乐器、玩具、家具等全面蓬勃发展，并在内部有了比过去更加细密的专业分工，不但由此形成了以手工业者为主体的新市民阶层，并且手工艺制作风尚高雅，巧夺天工，成为全国的楷模。入清以后，其势炽盛。

明清时期的苏州"最是红尘中一二等富贵风流之地"，苏作技艺不仅引领社会风尚，还从民间走向宫廷，从市井登上庙堂，推动了整个中国传统手工技艺的发展。明人宋应星《天工开物》称"良玉虽集京师，工巧则推苏郡"，道出了苏作玉雕与宫廷的关系。何止玉雕，竹木牙角雕刻、缂丝刺绣等苏作技艺都曾随着大量的苏州工匠进入宫廷。苏作玉雕供于桌案，苏式家具置于厅堂，苏绣缂丝饰于朝袍……从衣食起居到房屋建筑，从家具陈设到宫廷花园，苏作与宫廷紧密相连，苏之巧甲于天下，"苏人以为雅者，则四方随而雅之，俗者，则随而俗之"，苏作技艺将江南文化的精细文雅表现得淋漓尽致。

近代以后，苏作走向现代，秉持传统，不忘创新，伴随时代发展，见证时代变迁。苏州作为中国传统手工艺的重要产区，在今天全国工艺美术品 14 个大类中拥有 12个大类，多达 3500 个花色品种，刺绣、缂丝、盆景、玉雕、灯彩、泥塑、乐器、笺纸、漆器、檀香扇、桃花坞木版年画、苏式家具等，享誉全国。2014 年时苏州被联合国教科文组织授予"手工艺与民间艺术之都"的称号，目前拥有联合国教科文组织人类非物质文化遗产代表作 7 项，其中传统技艺类有缂丝、宋锦和香山帮传统建筑营造技艺 3 项；入选国家级非物质文化遗产代表性项目名录的项目有 33 项，其中包含传统技艺类和民间美术类 23 项。

苏州是传统与现代深刻交融的城市，苏作工艺是江南优越的地理环境造化的，更是明、清两代苏州经济社会文化发展的结晶，得益于深厚的地域文化积淀和坚实的经济实力支撑，思想的自由、经济的繁荣、社会活动的丰富，成为推动苏州工艺文化繁荣至今的根本动因。苏州传统工艺产业优势明显，具有品类多、水准高、规模大、基础强的四大特点，苏州是名副其实的"手工艺与民间艺术之都"。

二、以艺述忆

苏州博物馆西馆以基本陈列的形式推出"技忆苏州"展览，是根据实际情况充分发掘自身的特点和优势，撷取了苏州历史上最富区域性文化特征的一个篇章来作为展览的主题并进行集中和深入的展示。此外，在藏品研究的基础上进一步挖掘馆藏苏作藏品的科学与人文价值，揭示苏作工艺的文化内涵和审美价值。更重要的是，希望通过展品组合的叙事和展览意象空间的营造，有效传播文化精髓和时代价值，重构观众对于江南文化的集体记忆，激发其对苏州地域文化的认同和文化自信。

"技忆苏州"，技艺即记忆，匠心即文心，苏作技艺是文人意识的产物，更是江南文化的典范。展览的核心是反映技艺背后的文化传承，并以物质遗产表述非物质文化遗产。叙事的核心则是在当代语境中诠释传统技艺的古今传承与流变。展览的定位则是利用能够反映苏作工艺历史、价值和传承的各类文物、文献、展品，结合数字技术和现代展示手段，全面系统地展示苏州作为"手工艺与民间艺术之都"所取得的艺术成就，展现苏作工艺所蕴含的文人趣味、工匠智慧和所承载的民族精神，展现苏作的魅力与风采。

"技忆苏州"展厅面积2258平方米，展线总长395米，共计展出文物800余件（套），展品品类涵盖玉器、竹刻、雕漆、家具、织绣等22类，年代从宋元一直延续到当代。四个展厅将展览分为三个部分（图4-1），第一部分"雕玲珑"，分为"石之美者""神工巧作""竹镂文心""南工意匠""方寸鬼工""千文万华""砚田乐岁""怀袖雅物""纨素团圆""馥馥其芳"单元。第二部分"琢绮丽"，有"环佩叮当""宣炉吉金""丝竹雅乐""桃坞镌刻""南笼趣玩""五彩万相""石寿千年""玉土精盆""钦工物料""苏式家具"单元。展览第三部分"绣华彩"，分为"绣城苏州""缂制苏州""宋锦如金"三个单元。

"技忆苏州"展览一直秉持充分做到以物品反映社会生活现象的要求，展览的重点在于对展品进行人文解读和阐释，利用展品串联大背景和故事，达到透物见人、见史、见生活的高度。不仅要阐明"艺"，亦要借艺说"忆"。

（一）雕琢苏州

　　第一部分"雕玲珑"分为"石之美者""神工巧作""竹镂文心""南工意匠""方寸鬼工""千文万华""砚田乐岁""怀袖雅物""纨素团圆""馥馥其芳"十个单元，将玉雕、木雕、竹刻、牙角雕、核雕、漆雕、砚雕、折扇、团扇、檀香扇十个有代表性的苏作门类从历史沿革、展品释读、艺匠文心、今日传承等各方面向观众娓娓道来，引导观众从人文视角欣赏与审视江南文化与苏作技艺。

　　走进展厅，迎面是一座疏漏有致的太湖石序言墙（图4-2）。此处以太湖石意象作为开篇，一是因为苏作虽由人作，宛自天开，但太湖石这种自然天成的美有暗喻的象征意义。二是太湖石作为苏州古典园林的一大重要元素，序言墙的设置也契合了传统造园手法中将太湖石置于入口处作为照壁以障景的功用，山石之后则是开阔的园林景色。我们取其形制，以现代设计语言进行表达，象征着苏式审美在现代的传承与发展。自此，我们犹如步入苏式园林般，可遍赏千年江南造物。

　　"石之美者"玉雕单元是展厅的起始，由"玉器之城""技冠天下""姑苏妙手""玉见子冈"四条子线索组成，展品涵盖宋元玉器到今日的苏作玉雕大师作品，并从玉雕名匠陆子冈、文人参与设计、故宫与苏作玉雕、行业会所、今日影响等多条线索展开叙事，凸显古今对比，阐明玉器的温润影响了苏州这座城市的气质。

　　苏州琢玉历史可追溯至新石器时期的良渚玉器文化。五代时期，吴越广陵王钱元璙就曾经令颜规解玉，南宋《吴郡志》记载："颜规者，本吴郡玉工，广陵王钱元璙尝令于便厅解玉。"北宋朝廷于崇宁年间在苏州设立造作局，有玉匠专为朝廷制作玉器。明清两代是苏州玉器的黄金时期，苏州是当时的全国制玉技术中心，闻名帝庭。清代末年，苏作玉器还通过洋行出口，至今声名远播，长盛不衰。"玉器之城"部分是雕玲珑展厅的起始，为了突显"玉器之城"的庄严与气质，我们用一个中心展柜展示了一件清代乾隆时期的白玉大象，它用整块硕大的和田玉籽料雕成，代表了处于巅峰期的清中期玉雕行业水平，是苏博馆藏中的一件玉雕珍品。我们在

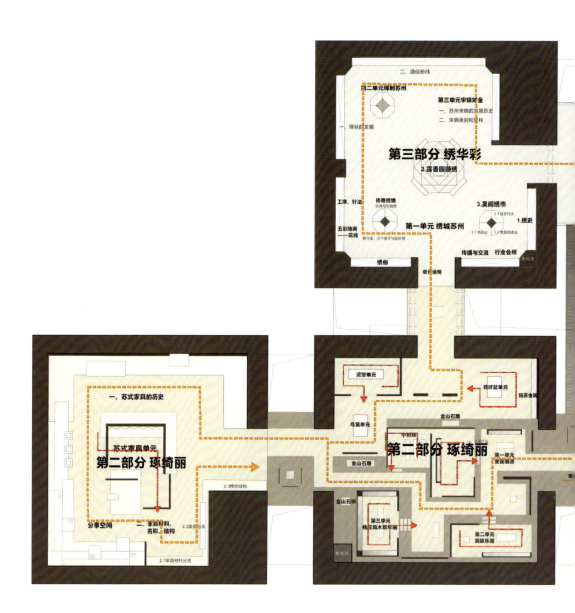

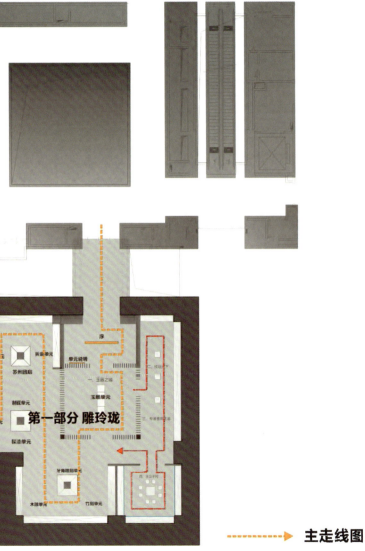

第一部分 雕玲珑

- - - - - - - - - - -▶　**主走线图**

- - - - - - - - - - -▶　**辅走线图**　　　　图4-1　"技忆苏州"展厅布局图

图4-2　太湖石序言墙

中心柜四周还围以六折通顶玻璃屏（图4-3），既是运用园林里较多的屏风意象，也是进一步营造展厅氛围，使得观众能迅速进入展览的情景中。

　　其后的"技冠天下"与"姑苏妙手"两条线索，我们将其设置在一个完整的通柜空间内，其中陈列了子冈款玉器、宋元明清各色玉雕精品。苏州雕琢的玉器，立体摆件抑或玉佩环簪之属，造型别致，轮廓清晰，玲珑剔透，工艺奇巧。在此集中大量地进行展示，可以让观众在当下氛围中体会技忆之美，感受历史脉络，走进江南文明。 苏州玉雕声名最响亦最神秘的人物是陆子冈，他是明代嘉靖、万历年间的治玉名家。陆子冈的玉雕件价格在当时就比一般玉器要高数倍，到了清代，子冈款的玉雕作品更是被竞价追逐，于是出现了很多仿制子冈款的玉器。观众来到展厅都会好奇柜内陈列的子冈牌是不是真品，我们就以地方志、文献等资料向观众证实陆子冈制作的玉器多为文房用具，从未有玉牌。与此同时，我们利用多媒体技术，向观众展示了收藏于北京故宫的子冈款玉器，以及许多在史志、造办处档案等有著录的苏州玉匠及其作品。乾隆几度下旨招苏州玉工到北京，见于记载的在乾隆一朝共有18批次近40人，而实际征调的批次和人

图4-3　六折通顶玻璃屏

图4-4 《玉作图》投影

数肯定比这还要多，其中能够考见姓名者多达27人。可见"良玉虽集京师，工巧则推苏郡"的情况从明代一直延续到了清代。

在对技忆的阐释上，我们摈弃以往非遗展或者工艺展常用的一些陈列工具、匠人雕塑等比较生硬的展示模式，在参考清代李澄渊《玉作图》的基础上，用多媒体动画的形式对12幅《玉作图》进行再创（图4-4），用典雅、直观且简洁的形式向观众展示选料、开玉、扎砣、冲砣、磨砣、掏膛、上花、打钻、透花、打眼、木砣、皮砣这12道传统玉雕工艺。

玉雕单元的最后一个部分"玉见子冈"是一个独立的沉浸式空间（图4-5）。我们原本就计划将其打造成一个富有现代设计语言感的展厅，因此在常规的通柜和立柜基础上，大胆地运用了投影技术。我们在这个空间的四面墙上都进行了投影，运用了苏式园林元素，制作了一个有氛围感的影片，它给人一个苏州园林的印象，但它又是简约而唯美的，不是特别具象的。当观众走进去时，在这个独立小天地中，他们可以欣赏到现代苏州玉雕大师们的作品。

图4-5 "玉见子冈"沉浸式空间

　　从清末至新中国成立之初，受战争等因素影响，苏州玉雕行业衰落。新中国成立后，苏州市政府十分重视玉器行业的恢复和发展，于1956年成立了苏州玉石雕刻厂。由于有深厚的行业积淀和文化传统，"苏作"玉雕重新崛起并不断发展壮大，现今苏州从事玉雕业的已有数万人，涌现出了一批全国著名的工艺美术大师，同时苏州举办的"子冈杯"等一些玉雕赛事也成为全国玉雕行业的标杆。这些当代的优秀作品在这个独立空间内的集中展示，让观众们一饱眼福。

　　移步向前，是"竹镂文心"竹刻单元（图4-6）。苏州的竹刻艺术是苏式技艺中最能代表苏州人文雅气质的典型之一。竹刻艺术起源于明代嘉定，在明代后期形成了金陵和嘉定两个流派。清中期的嘉定文人周颢开创了文人刻竹的独特艺术风格，并与苏州及吴门画派有着密切的关系。在这里，不仅展示了明清时期嘉定竹刻和金陵竹刻名家们的作品，还一并展出了清代文人周颢的刻竹笔筒及其墨笔竹石轴，便于观众更直观地欣赏与理解"不求刀痕凿迹之精工，但矜笔情墨趣之近似"的文人竹刻风格。这个部分重点展现了苏作工艺所蕴含的文人趣味、工匠智慧和所承载的

图4-6   "竹镂文心"竹刻单元

民族精神，以及苏作的魅力与风采。

　　与竹刻相对而立的是一个可以四面观赏的四面方柜（图4-7），这是取自园林内常见的圆洞门形式的一个展柜设计，在这个可以聚焦目光的小小的展柜空间里，我们呈现的是一些本身体积微小且技艺精妙的文物，譬如核雕、牙角雕等。我们之所以摒弃用大通柜、中心柜这些常规的方式来陈列这些"奇技淫巧"之物，是为了"聚光"，从而更好地展现它们的风采。

　　特别是在"方寸鬼工"核雕单元（图4-8），我们还在里面设置了一个动画屏，演绎了大家耳熟能详的核舟记的故事，用动态的画面去烘托面前的展品，动静结合，相得益彰。核雕是苏州地区独有的民间艺术，明万历前期，苏州就出现

图4-7　定制的四面展柜（上）
图4-8　"方寸鬼工"核雕单元（下）

了不少核雕名工，并开始有核舟这一题材。明代魏学洢《核舟记》说："明有奇巧人曰王叔远，能以径寸之木为宫室、器皿、人物，以至鸟兽木石，罔不因势象形，各具情态。尝贻余核舟一，盖大苏泛赤壁云……"清初，核舟已相当流行，并大都出自苏州工匠之手，而今天，核雕已然是苏州独有的一门艺术语言，他处不可比。一粒小核雕，是我国微雕艺术的杰出代表。

欣赏过今日仍旧为苏州代言的核雕艺术，沿着展线向前，我们也介绍了一些曾经在苏州的技艺史上熠熠生辉，而今日却几乎绝迹于生活的艺术，让观众能在这里追溯一些消失在历史里的苏州手工艺。

宋、元时期是中国雕漆高度发展时期，明代苏州出现了一些技艺水平极高的名匠，推动了苏州髹漆工艺的发展。清代早中期更是苏州髹漆工艺发展的黄金时期，工艺技法愈加发达，尤其在描金、螺钿、款彩、镶嵌等方面，做工精致纤巧。这一时期，苏州织造承担了大量贡御漆器的工作。太平军攻陷苏州后，苏州雕漆基本停产。在这个部分，我们将雕漆作品按照时代排列，从出土的宋代梅花形漆盘一直讲述到元代剔犀、明清剔红，并向观众介绍了明清雕漆名匠，阐释了雕漆工艺的时代特征。

如果说在历史上有什么工艺能够和吴门书画结合得相当紧密的话，那一定是苏州的折扇艺术。苏扇向称"怀袖雅物"，苏扇以精制扇骨、趣味高雅而著称于世。折扇是舶来品，一开始以洒金扇等最受追捧，直至明后期吴门画派兴起，折扇逐渐形成精制扇骨、附丽书画的特点。苏州雅扇集各种精湛工艺于一身，包括造型、装裱、雕刻、镶嵌、髹漆等工艺。因此在"怀袖雅物"单元，我们希望观众能体会折扇艺术的多方演变，将明代首辅王锡爵墓出土的洒金折扇（图4-9）作为开篇，从文人画扇、精制扇骨等几个方面对折扇演变、扇面书画艺术、扇骨款式等一一进行阐释。

在贴近折扇单元的区域，我们又一次有意识地做了文物集群，一并设置了"纨素团圆"团扇以及"馥馥其芳"檀香扇两个单元（图4-10），观众可以对苏扇进

图4-9　明王锡爵墓出土洒金折扇（上）
图4-10　团扇与檀香扇单元（下）

行充分比较与了解。

　　折扇和檀香扇、绢宫扇三大类别，被称为"苏式雅扇"，可谓各有千秋，匠人们在扇子的一方小天地中精雕细琢，把吴地的山山水水、花鸟人物浓缩描绘，其精湛的手艺本身就构成了吴文化中绚烂多姿的篇章。

（二）营造苏州

　　第二部分"琢绮丽"分为"环佩叮当""宣炉吉金""丝竹雅乐""桃坞镌刻""南笼趣玩""五彩万相""石寿千年""玉土精盆""钦工物料""苏作家具"十个单元，分别从金银镶嵌、苏作铜炉、民族乐器、桃花坞木版年画、鸟笼、泥塑、石雕、蟋蟀罐、金砖、家具十个门类展开叙述。我们在设计这个展厅空间时，借用了苏州水道街巷的意象，以传统江南街巷的分隔与渗透，以及流线的曲折与回环来重现苏州阊门盛景（图4-11）。

　　苏州城西的阊门到枫桥区域，是14—18世纪中国最繁华的地段。唐寅《阊门即事》写道："世间乐土是吴中，中有阊门又擅雄。翠袖三千楼上下，黄金百万水西东。五更市买何曾绝，四远方言总不同。"苏州在康熙年间已是"阊门内外，居货山积，行人水流，列肆招牌，灿若云锦，语其繁华，都门不逮"。在这段场景中，我们将一些较为适合放在阊门场景内展示的单元穿插其中作陈列展示，灵感来自徐扬的《盛世滋生图》（《姑苏繁华图》）。

　　金银簪钗，仿古铜器，都是苏州富丽清雅的品物。我们以金银饰品和仿古铜器为切入点说明明清时期苏州金属制造业的繁华。

　　苏州金银器錾刻的高超水准在一件元代朱碧山制作的银槎上体现得淋漓尽致，20世纪50年代虎丘元代吕师孟墓出土的金银器更是表明苏州金银器制作在元代已经出类拔萃。

图4-11　"琢绮丽"展厅入口

　　到了明清，当时苏州身为一等风流繁华之地，自然有种种华丽精细的金银制品。苏州生产的项链、戒指、手镯、耳环、银鼎、银瓶、银餐具、寿星、观音、弥勒、八仙等金银饰品饮誉四方，苏州银楼最多时达到104家，其中较大的有恒孚、老万年、天宝楼、悦来等。

　　此时金银饰品的制作工艺已有簪花、收挑、包金、镀金、累丝、点翠、发蓝、套色等多种。在这个部分，我们重点展示一整套明代出土头面，包括挑心、掩鬓等，在陈列设计上配合运用唐寅的一幅明代仕女图（图4-12），进一步将实物融入当时的语境，不仅展示明代金银饰品的精细，还将金银头面所代表的社会地位阐释清楚。我们采用现代高奢珠宝的陈列方式，希望观众犹如置身于一个复古银楼，以顾客的身份观赏这些精美的明清金银器，从而实现设计与叙事的一致性。

　　同样的，在"宣炉吉金"铜炉单元（图4-13），我们也摒弃常见的通柜样式，以定制的博古架式样的文物柜典藏宣德炉，在这一单元，我们设计重现了苏州专做仿古铜器的古董铺，这也更加贴合整个展厅的设计逻辑。

　　清代乾嘉年间考据之学大兴，苏州的顾湘舟、钱梅溪等人对钟彝都深有研究，所仿制的铜其形制、铭文、纹饰，乃至轻重、厚薄、色泽都十分讲究，使人难辨真

图4-12　金银器圆形展柜旁的明代仕女图（上）

图4-13　"宣炉吉金"铜炉单元（下）

伪。清末民初时，苏州人周梅谷专替古董商制作仿明代宣德炉和修补古鼎彝，据说他们当时制作的仿古铜器即使是精于鉴别的行家也难分真假。

苏州的文化艺术品市场一向发达，明中后期产生了不少收藏鉴赏大家，可以说，明后期至民国整个江南收藏古玩的风潮是由苏州文人率先兴起的。我们通过置于博古架上的明清铜器，体现苏州作为文献之邦、鉴古藏古的风尚。

苏州民族乐器的制作具有鲜明的艺术特色和独特的地方风格，代表作品有二胡、阮、古筝、琵琶、箜篌与编钟，还有冠以"苏"字的"苏笛""苏箫""苏锣""苏鼓"等。北京故宫目前还收藏有一面清升平署大锣，上有"姑苏阊门内祁尔昌字号炼选自造水磨大锣发客""响器锣鼓当面挑选概不退还"字样。在"丝竹雅乐"单元，我们巧妙地设置了两个精巧的独立柜，展出了一套民国时期的琴鼓丝弦乐器小摆件（图4-14），这组乐器小摆件包括三弦、琵琶、二胡、古琴、月琴、木鱼、笙、箫、锣、鼓、钹等共22件。这一套材质多样、色彩缤纷的小摆件制作精妙，小巧灵动，成为观众最喜爱的文物之一。

苏州民族乐器制作技艺凝聚了历代能工巧匠的心血和智慧，不仅能体现苏州乐器的制法精妙，而且也佐证了当时昆曲、京剧等戏曲文化在江南地区流行的风潮。

"桃坞镌刻"单元（图4-15）的桃花坞木刻版画，因产于苏州桃花坞而得名，始于明而盛于清中期，当时的苏州七里山塘和阊门内桃花坞一带，有数十家年画铺，年产量多达百万幅。作品远销外省及南洋等地，还曾对日本浮世绘艺术的发展产生过相当大的影响。

为了使观众能直观感受桃花坞木刻版画的艺术风格，我们将馆藏的清代、民国、现代作品并置一堂，并且将收藏的老刻板也一并陈列，观众们能迅速体悟到苏州桃花坞木刻版画线条明快、构图丰满、造型夸张、色彩鲜艳的特色。在最后，我们还陈列了一幅馆藏近代杨柳青木版年画，杨柳青木版年画与苏州桃花坞年画并称"南桃北柳"，在此作为南北风格的对比。

顺着"水道街巷"向前，我们于曲径通幽处步入一处明静书斋，这就是单独用

图4-14　琴鼓丝弦乐器小摆件（上）
图4-15 "桃坞镌刻"单元（下）

图4-16 "苏式家具"单元

了500平方米来设计陈列的"苏式家具"单元（图4-16）。苏式家具，是指自明代中叶以来，以苏州为中心的江南地区的能工巧匠们制作的硬木家具，所以也称为苏州"明式家具"。

简单合度而又美观的明式家具深受文人气质的影响，明代如项元汴、周天球、高濂、严道澈等文人士大夫还亲自设计家具，可以说这是最能体现江南文人智慧与审美的技艺。苏式家具自明中后期在全国范围内流行，成为当时引导家具潮流的主要形制，并自下而上影响了皇室对家具的选择。

我们的版面以文震亨的《长物志》中汇集的各式家具的形制样式为基础，并摘选项元汴的《蕉窗九录》、屠隆的《起居器服笺》、高濂的《遵生八笺》等著作中对家具作评述的章节，力求重点突出江南文人的情趣与审美。

在苏式家具厅的开始，我们就以"书斋长物"（图4-17）点题，"书斋宜明静，不可太敞。明净可爽心神，宏敞则伤目力"，明清时期是中国书房文化发展的顶峰时期，形成了完整的书房文化体系。在明清文人的书房里，除了简约舒适的明式桌椅、精美应手的文房、小巧雅致的陈设、错落不紊的书橱之外，花架、矮凳上可能还有

书 斋 长 物

"书斋宜明静，不可太敞，明净可爽心神，宏敞则伤目力。"

明清是中国书房文化发展的顶峰时期，形成了完整的书房文化体系。在明清文人的书房里，除了简约舒适的明式桌椅、精美应手的文房、小巧雅致的陈设、错落不紊的书橱之外，花架、矮凳上，可能还有坛坛罐罐，苔草菖蒲，金鱼小鸟，四时皆宜，偶尔也有虫鸣，或恬静，或活跃，点缀于花窗、挂落之间。趁着晴光透照，坐太师椅，伏案沉思，时而秉笔疾书，时而持卷吟哦，无不怡然自得，书画碑拓，考校品题，流连半日。午后小倦，卧湘妃榻，权作卧游。入暮饮食，待到月上中天，朗照中庭，清风徐来，竹影摇曳，一灯荧然，四下静谧，松涛声至，展卷夜读，如见古人。

图4-17 "书斋长物"版面

坛坛罐罐，苔草菖蒲，金鱼小鸟，四时皆宜，偶尔也有虫鸣，或恬静，或活跃，点缀于花窗、挂落之间。清风徐来，展卷夜读，如见古人。

书房是文人心灵卧游之轩，我们在此以多个各自独立的书斋场景陈列明清时期的黄花梨螭龙纹十二扇围屏、黄花梨罗锅枨长方凳、榉木四出头官帽椅、酸枝木梳背扶手椅、银杏木百子图挂屏等，深度阐释苏式家具的"精、巧、简、雅"。

同时我们在展厅高处引入当代艺术家的苏式家具装置作品（图4-18），在这个空间中展开传统与当代的对话。在周围阶梯地台上设计了灵活可变的分享空间，具有休憩和陈列的双重功能，拉近观众与展品的距离，提升了体验感与参与感，为后期展厅的变化更新提供可能性。

图4-18　家具单元的布局

　　此外，我们还陈列了一套出土于明代首辅王锡爵夫妇合葬墓的微缩家具（图4-19），小巧玲珑的微缩家具涵盖了桌、椅、架子床等，这些器具虽是明代器物，但是时代明确、比例准确，榫卯结构严谨，是今天用以研究苏作明式家具的珍贵标准器。

　　转回书房背面，呈现在眼前的是一座今日已不可多见的清末民初的灯担堂名（图4-20），即堂名班子，也就是清音班子专用的可以拆卸的堂名唱台。

　　清音班子主要以清唱昆曲戏文和演奏器乐为特色，常以"某某堂"命名。旧时苏州大户人家遇有婚丧嫁娶、节庆寿宴等事，便会邀请堂名班子到家中来唱堂会。堂名班子抵达主人家后再将这些拆开的零构件组合，上悬玻璃彩灯，装置在主人家的厅堂或天井内，搭建成一座光彩夺目的演出舞台，故称"灯担堂名"。

图4-19　王锡爵夫妇合葬墓出土微缩家具（上）

图4-20　清末民初灯担堂名（下）

图4-21 "南笼趣玩"鸟笼单元

至今此类百年遗存已屈指可数，我们希望以一座重檐叠楼、俏巧精美的灯担堂名，带领观众回溯一等风流繁华之地曾经的光景。

再迈步向前，按照动线设置，又回到水巷街道的前一个展厅，映入眼帘的是"南笼趣玩"鸟笼单元（图4-21）。明清时期以文人为首的养鸟玩笼的风俗达到高潮，苏州的鸟笼制作技艺与规模也随之发展至新的高度。在这里我们用一个四面通透的独立展柜将鸟笼及精巧配饰一一陈列。

鸟笼从形式和风格上主要分南、北两派。"北笼"以京津、山东等地为代表，造型多为圆形，如靛颏笼、百灵笼等；"南笼"则以方形为特征，如绣眼笼、黄腾笼、画眉笼、芙蓉笼等，其制作中心在苏州。我们并排陈列了南笼与北笼、文钩与武钩，包括颇具传奇色彩的"钟明钩"，希望观众从笼玩之中体悟欣赏苏州市井文化。

图4-22　戏文泥塑（上）
图4-23　《杨排风》戏文泥塑（下）

　　向前走进月洞门，来到"五彩万相"苏州泥塑单元。苏州泥塑历史十分悠久，可以分为神佛塑像和泥塑小品两类。我们无法将神佛泥塑搬到现场，因此在这里设置了画屏，放映苏州东山紫金庵的罗汉泥塑的高清影像。世人称紫金庵泥塑彩绘罗汉为"天下罗汉二堂半"之一堂，是我国雕塑史上的重要文化遗产。

　　画屏之外，是以多宝格形式陈列的馆藏戏文泥塑（图4-22）。明中后期的苏州开始盛行昆曲，于是戏文泥塑也风行一时。戏文泥塑题材取自折子戏，小巧玲珑，大的五六寸，小的二三寸，以绫罗绸缎为服，或缀以刺绣，或饰以贴花。两人为对，三人为台，紧扣戏文故事情节，一般以八出或十六出为一堂，供节日陈列。

　　在这些戏文泥塑的陈列上，我们用了聚焦的方式，配以专业的灯光，使得这些泥塑仿佛有了正在舞台中心的效果。作为重点陈列的是以传统剧目《长坂坡》《杨排风》《金雁桥》三出古装折子戏为原型塑成的三对戏文泥塑（图4-23）。

图4-24　"钦工物料"金砖单元

这些泥人坯料所用之泥为苏州虎丘特有的滋泥，制作头部时按照生、旦、净、末、丑等剧中人物要求进行开相，手部动作也依据戏中人物的动作捏塑，眉目传神，惟妙惟肖，驰名江南。由于年代久远，历经沧桑，这项工艺已后继无人，日渐失传。今人只知无锡泥娃娃，不知苏州戏文泥塑了。

在对这些戏文泥塑的叙述中，我们同前面对漆器的展示一样，再一次追溯了一些消失在历史里的苏州手工艺。

"琢绮丽"展厅最后的"钦工物料"金砖单元（图4-24）和"玉土精盆"蟋蟀盆单元是设置在一起的，因为在这两项技艺的叙述中都离不开对苏州陆慕这个区域的研究。早在宋代，陆慕就设有御窑，专门为皇室烧制各种精巧瓷器和巨大城砖，

图4-25　"玉土精盆"单元

后又雅称为金砖。金砖表面光滑均匀，其质密实细腻，断之无孔，每块厚薄见方误差平均不得超过一毫米，叩之有金石声。

　　明代永乐年间，明成祖朱棣迁都北京，大兴土木建造紫禁城。经苏州香山帮工匠的推荐，朝廷特派官员到苏州陆慕余窑村一带监制筑御窑烧金砖。凡京城的宫殿、皇陵，江南的官宅、府第、祠堂、寺庙、园林内的砖雕门楼均"非陆慕金砖不能胜制"。现在北京故宫的太和殿、中和殿、保和殿和十三陵之定陵内铺墁的大方砖上，都有历代年号及"苏州府督造"的字样。

　　在这里，观众通过观看金砖烧制的动画，可以详细了解金砖的历史与烧造工艺，还可以触摸与使用金砖。我们于展示台上陈列了8块清代金砖，并设置了2块可以用来书写和叩击的现代金砖，希望观众们可以亲身体会金砖的"叩之有金石声"和遇水呈现的"致密性、吸水性"。

　　走进"玉土精盆"单元，可以看到我们在墙上设计了摇曳的秋草，并配以清脆的蟋蟀鸣叫之声（图4-25）。在此情此景烘托之中，观众从多重感官来体验，

图4-26　"绣华彩"展厅

更加直观地感受到明清时的苏州亦是全国的斗蟋蟀中心，上至达官贵人，下至贩夫走卒，都热衷于此道。明代时的苏州陆慕不仅烧造金砖，由于宣德皇帝痴迷于斗蟋蟀，这里也成了烧制蟋蟀罐的地方。陆慕土质细洁，杂质很少，碱性较弱，用陆慕土烧出的蟋蟀罐光洁细腻，敲之有金玉之声。

（三）锦绣苏州

第三部分"绣华彩"展厅（图4-26），展品以苏绣、缂丝、宋锦等丝织类为主，分为"绣城苏州""缂制苏州""宋锦如金"三个单元。相较其他三个空间，综合考虑展柜布局和文物保护等因素，整个空间除去展柜外并没有多余的设计，但却能使观众拥有华丽的观展体验。这些华丽的视觉体验不仅通过上百件精美丝织品来呈

图4-27　苏州目前发现的最早的两件刺绣实物

现，同时也基于对苏绣的审美风尚与精神意趣的提炼并将之运用在整个空间内，诸如柜内柜外以传统国风色芸黄为铺陈，展柜上方以金属线条打造园林六边形花窗框架，顶部空间以定制型材模拟丝线纵横的形状。"绣华彩"空间内完整的色彩、肌理、形状等设计系统共同完成了一个诗意空间的营造。

　　苏州丝绣业历史悠久，唐宋时期已在全国拥有举足轻重的地位。宋代刻制的《平江图》中已有滚绣坊、线绣坊、锦绣坊、绣衣坊，可见宋代苏州刺绣业之繁荣。明清时期，苏州丝绣业品种繁多，工艺高超，臻于极盛。繁荣昌盛的经济环境、崇文重教的历史传统和闲雅适意的社会风尚，匠人传统与文人气质的结合，赋予苏州手工艺人蓬勃的创作能力和高雅的艺术品位，亦成就了苏州丝绣卓越的历史地位。

　　"绣城苏州"苏绣单元以线性叙事分为"宋元风华""缘起露香""吴阊绣市""传奇绣娘"四个线索来讲述。观众步入展厅首先会被中心展柜吸引，走近后将观赏到苏州目前发现的最早的两件刺绣实物（图4-27），即苏州虎丘云

图4-28 清代《露香园绣杏花村图》局部

岩寺塔出土的宋代刺绣经帙和元代娘娘墓出土的丝织绣龙残片。从春秋时期记载吴国"有绣衣而豹裘者"到宋元时期针法齐备，苏绣走过了漫长的千年岁月，也即将迎来属于自己的辉煌。

明代露香园顾绣，发源于松江地区顾氏家族，顾氏在"文酒之余，间教家人以刺绣，分丝擘缕，穷极精巧；作为山水人物，宛然生动。于是顾绣之名，盛行于世"。顾家女眷将文人画意融入刺绣艺术，使得画绣独立于原本的闺阁绣日用品，成了一种独立的艺术品，被文人墨客欣赏和收藏，原先的"雕虫小技"登上了大雅之堂。更重要的是顾绣对江南画绣的发展，尤其是同地区的苏绣艺术的发展起到了重要的推动作用。

顾绣与苏绣是一脉相承的关系，其特点是如画之境、如天之工、如染之色。我们在中心柜外围陈列了四幅馆藏明代顾绣，引导观众从艺术角度鉴赏露香园顾绣（图4-28），并能领会到之后苏绣艺术的发展方向。

图4-29　清代刺绣《群仙祝寿图》

　　"刺绣之艺，吴中为盛。其传则自云间之上海。"自顾绣兴起，以苏绣为代表的江南刺绣进入了一个全新的时代，顾绣成为江南精致刺绣之通名，苏绣和苏绣庄也称"顾绣""顾绣庄"。到了清初，松江露香园顾绣逐渐衰落，而继承露香园顾绣的苏绣则形成了精、细、雅、洁的地方特征，与湘绣、蜀绣、粤绣并称为四大名绣，且居首位。在另一组较小的六角展柜内，我们陈列了四幅清代苏州画绣精品，其中更有一幅乾隆时期的刺绣《群仙祝寿图》（图4-29），后来还被宣统三年（1911）的商科进士王廷璋作为贺礼送出，亦能表明在清代定制画绣已属上乘礼品。

　　清康熙朝确立了内务府制度，由上三旗包衣执掌织造衙门，江南三织造逐渐开始正常生产。苏州织造为三织造之一，"衣被几遍天下，而尤以吴阊为绣市"，画绣、闺阁绣、商品绣，每个种类都丰富多彩，苏州成为"家家有绣绷，户户在刺绣"的"绣市"（图4-30）。中国四大名绣——苏绣、蜀绣、湘绣、粤绣格局亦在清代形成，苏绣位列四大名绣之首。我们在这里将苏州织造府全图碑拓片、锦文公所缘起碑拓片结合相关文物共同展示，重现清代苏州刺绣业的繁荣和吴阊绣市的风采。

　　近现代的苏州刺绣史，不仅是技艺发展创新的历史，也是江南女性以绣自立的过程。沈寿创仿真绣、杨守玉创乱针绣、任嘒閒创虚实乱针绣……她们是苏州的传奇、中国的传奇。

　　沈寿是展览重点讲述的一位传奇绣娘，她对苏绣艺术的传承创新有巨大的贡献，张謇称她为"世界美术家"。她率先将西方艺术中透视和明暗关系的表现技法与苏绣技法相结合，创造了具有独特风格的仿真绣，将刺绣艺术提升到一个新的高度。我们在另一组六面柜中展出了沈寿从清末到民国的刺绣作品（图4-31），以实物结合文献直观表现沈寿在刺绣艺术上的创新道路。

　　沈寿一生致力于刺绣教育，是中国历史上第一个获世界奖项、第一个将刺绣引入教育的刺绣艺术家，她在苏绣历史上树立了新的里程碑。沈寿之后，苏绣的发展逐渐进入职业教育的方向。

　　20世纪50年代，苏州成立苏州市文联民间艺术研究组刺绣生产小组，沈寿弟

图4-30　"吴阊绣市"部分（上）

图4-31　沈寿绣《济公图》（下）

子金静芬，杨守玉及其弟子朱凤、任嘒閒、周巽先任艺术指导，又招收了李娥英、顾文霞等20多名学员，由中国美协负责提供绣稿和样品，指导教师为中央美术学院教授柴扉、程尚仁等。之后刺绣小组搬入环秀山庄，诞生了著名的苏州刺绣研究所，后者成为中国现代刺绣艺术史上最成功的一家集研究、创作、教学、生产于一体的国有单位。

苏州刺绣研究所先后涌现了八位中国工艺美术大师，这在任何一个艺术行业都是绝无仅有的，我们在大通柜内陈列了这八位大师的代表作。另外特别呈现了作为当年刺绣研究所教学研究教材的各类针法汇编，突出了苏州刺绣研究所作为刺绣研发教育传承基地的地位。

欣赏完"苏绣之城"，观众的目光一定会被前方的一个正在播放缂丝工艺流程的透明六角柜吸引。透明屏内的数字化演示可以很好地展示缂丝工艺流程的细节，结合在柜内展示的等比例缩小的缂丝机，可以更直观地让观众了解缂丝的整个过程。

"缂制苏州"缂丝单元结合缂丝的发展、通经断纬的技艺几个线索来讲述苏州的缂丝文化。宋代是中国缂丝技艺蓬勃发展的时期，南宋时缂丝开始转向纯欣赏用途的仿名人书画，生产中心转向江南，明清时期的缂丝织造中心都在苏州，此时有缂丝名家朱克柔、沈子蕃、吴熙等。

因此我们在本单元第一个通柜中展示宋代至清代的缂丝藏品（图4-32），是为了让观众欣赏到这些千年不坏的艺术织品所散发的美感。无论是织造工艺、图案设计还是色彩搭配，这些缂丝藏品都展示了江南缂匠的非凡才华，它们的精美细腻令人惊叹不已。

在第二个通柜中我们重点叙述了今天苏州缂丝工艺的继承与发展（图4-33）。20世纪50年代，苏州市文联在蠡口寻访到沈金水、王茂仙等缂丝老艺人，邀请他们加入苏州市文联民间艺术研究组刺绣生产小组从事缂丝研究工作，为苏州缂丝培养了一批后继人才。我们展示了王金山等大师的缂丝作品，反映了当代苏州缂丝工

图4-32　"缂制苏州"缂丝单元古代展品（上）
图4-33　"缂制苏州"缂丝单元现代展品（下）

图4-34 "宋锦如金"单元

艺的高超技艺和发展成就,同时也展示了缂丝工艺在当代的生机与活力。

　　宋廷南渡后,急需一些华丽秀美的丝织品用于制作宫廷服装和书画装裱,因而在苏州大量生产一类非常细薄的供装裱书画用的织锦新品种,这些美丽的织锦与书画一起被保存下来,形成了苏州宋锦。在"宋锦如金"单元(图4-34),我们通过宋锦的发展历史、宋锦的纹饰类别两个基本要素展现苏州宋锦这门久远的艺术,辅以记录了织锦的各个环节和细节的清人图册,让观众更加深入地了解宋锦的制作过程和技术要求。

三、空间妙用

"技忆苏州"展览所在的四个展厅皆开阔无柱，每个展厅都是规整的 550 平方米的空间，展厅之间以玻璃连廊互相连接。西馆的设计师在考虑整个建筑设计的时候，借鉴了江南水巷街道的设计理念，其设计是对传统文化元素的尊重和再现，向观众展示了苏州的历史、文化和艺术，同时也在空间布局和视觉表现上尽可能地再现苏州的风貌，这种再现包括了苏州的街巷结构、建筑风格、园林艺术等多个方面。这样的设计理念恰好与"技忆苏州"展览的设计理念相符。

"技忆苏州"展览将整个展厅做成了一件呈现苏式生活、江南气质的艺术作品，以江南意象和中式美学贯穿勾连起四个空间，充分吸收了"移步换景"的园林特点，营造通往"景致"的弯曲小径，彰显"曲径通幽处"的巧思。以不同的辅助造型与不同器物组合成一小景、一小品，方寸之间自成天地，强化意味盎然的江南庭院空间。四个展厅根据各自展出内容及展品的不同风格而分割为四个面貌不同的大空间。四个大空间虽然风格不同，但在审美上又趋向统一，提炼营造了一个富有诗意的空间。

展览的空间设计整体结构和展示方式具有很强的连贯性和逻辑性，这样的整体布局能够让观众在参观过程中更好地理解展览的主题和重点。每个主展厅都有其独立的展示内容，但又与其他展厅有着密切的关联，这样使得观众在参观不同的展厅时能够有一个全面、深入的了解和认识。此外，展线的设计也是根据文本叙事逻辑来进行的，这样可以使观众在参观的过程中更好地理解和把握展览的主题和重点。

在展项形式的设计上，展览根据主题、展示重点和亮点进行了精心的设计和布局，让每一个展项都能够展示其独特的价值和意义。同时，观展流线和内

　　容分区的设计也使得观众可以根据自己的兴趣和需求来选择参观的路线和内容。

　　最后，灵活应用场景、展柜、展台等组合而成的线性实体，可以引导观众参观，让他们在参观的过程中能够更好地理解和欣赏展览的内容。这样的设计不仅可以提供一个良好的参观体验，也可以帮助观众更好地理解和欣赏展览的内容。

纯粹江南
技忆苏州

Pure Jiangnan
Memories of Suzhou Crafts

前言 FOREWORD

『技忆苏州』策展

传统到未来的尝试

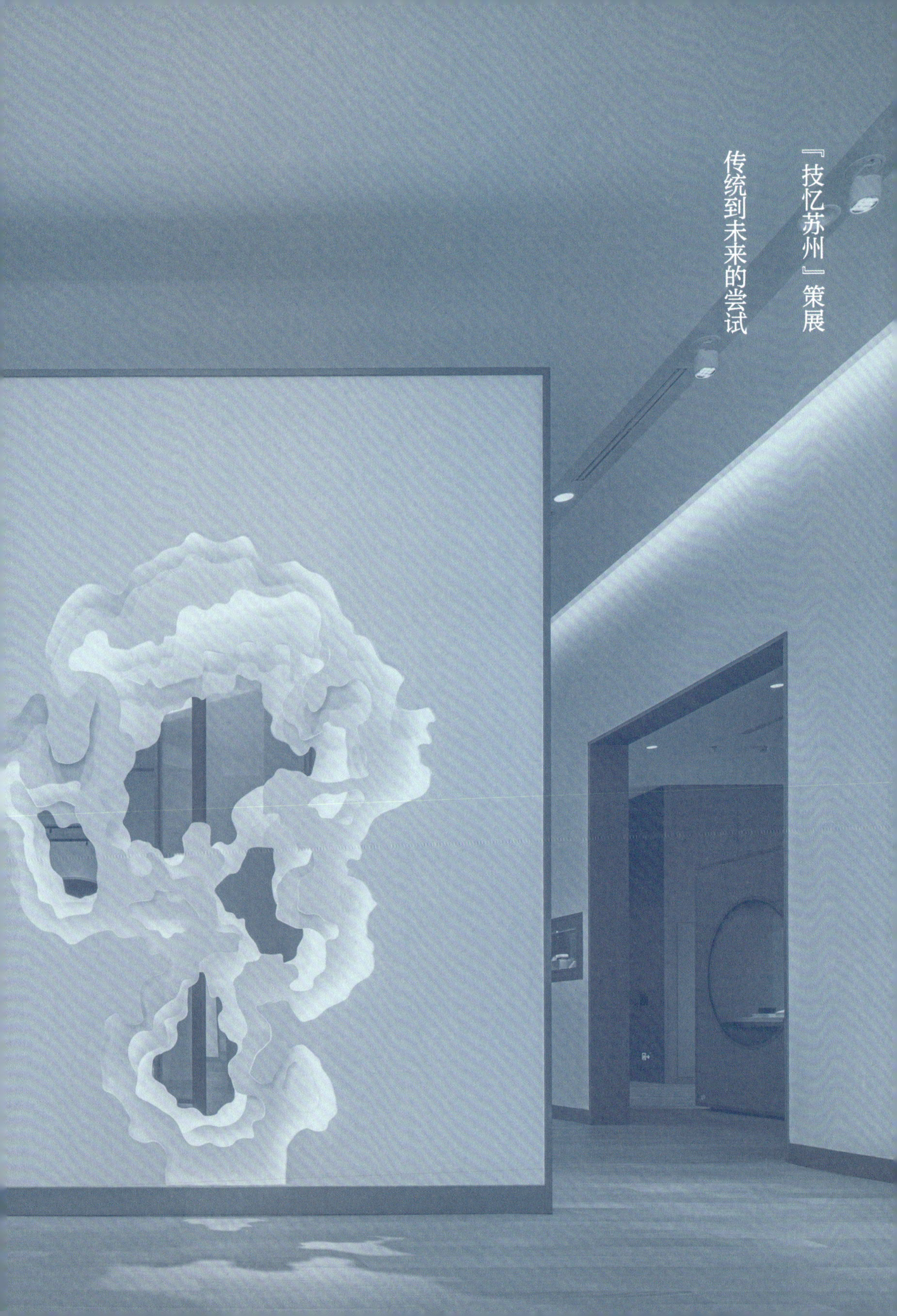

一、定位准确的展览

（一）找到目标

在展览的初始阶段，我们需要明确的是：我们为什么要做这个展览？我们展览的目标是什么，想要传达什么样的内容和观点？我们的受众群体是谁，他们的兴趣、需求和背景是怎样的？只有深入研究以上几点，我们才能更好地设计展览内容和形式，以吸引观众的注意和参与。

为什么会策划这样的两个基本陈列？"纯粹江南——苏州历史陈列"主要是由于苏州博物馆之前没有一个能让观众以时间线索来了解苏州历史的展览。2006 年贝聿铭先生主持设计的苏州博物馆新馆落成，当时专门辟出四个以"吴"字开头的基本陈列，展出吴地数千年的历史与文化，大略以时间为序，但更强调专题性。而随着人民群众对博物馆的需求日益增长，苏州本地群众与外地游客都急切需要一个可以了解苏州历史的展览。因此西馆专门策划从旧石器时代一直到 1911 年辛亥革命之间 1 万年的苏州历史陈列展览。

而为什么把另一个基本陈列设置为以苏作工艺为主题？这个主题是如何确立的？最重要的原因是，毫无疑问，苏作工艺是苏州文化乃至江南文化中不可忽视的一颗明珠。

苏州的工艺美术精致细腻、灵动含蓄，有着自身的价值追求和独特的审美品格，是江南文化极为重要的构成元素，特别是宋元之后，苏州文杰辈出、匠师云涌，苏州工艺美术在生产规模、品类、技艺、形式等方面全面发力，由此确立了在全国的优势地位。苏州工艺美术的独特之处在于其精细、细致的工艺技艺，以及对自然、诗意、雅致的追求。江南人因之创造出了独具特色的衣饰、用品、建筑、园林等，以适应这里雅致的生活方式，而且苏州工艺美术还以前沿的价值理念、独特的审美特征，引领了中国传统工艺美术风尚。苏州工艺美术的影响力不仅限于国内，还对海外产生了积极的影响，影响了世界工艺美术的发展。

　　苏作工艺既是物质的，又是精神的；既是实用的，又是艺术的。它既对江南人民的物质生活起了极为重要的作用，又是江南人文精神的集中体现。放眼全国，可能再也没有第二个城市会以"苏绣""苏作玉雕""苏式家具"等苏式艺术作为自己的名片，苏州以其独特的艺术和文化向世人展示了这座城市的独特魅力和深厚的文化底蕴。而且更重要的是，苏作工艺既是传统的也是未来的，这些技艺并没有淹没在历史的回忆中只能供后人欣赏，苏作技艺至今还在发展、创新，处于传统、当代和未来的叠加状态之中。

　　"技忆苏州"，"技"代表苏作工艺，"忆"则有追忆、回忆的意思。"技忆"一词，虽由两个单字组成，但同音多义，既代表了苏作"技艺"，又暗含"记忆"意味。展览核心是反映技艺背后的文化传承，以物质遗产表述非物质文化遗产；而叙事的核心，则是技艺的古今传承与流变，在当代语境中诠释非遗传统技艺。展览正是要通过对苏作工艺的展示，反映文物背后的文化和技艺的传承，引领观众从中追忆苏州城的往昔。

（二）团队建立

1.一个优秀的策展团队

　　在确定展览主题的同时，我们的策展团队也同步建立了起来，一个重量级的常设展览从策划到完成，必须有一个强而有力的策展团队来全面实现展览的目的。从前置评估研究或观众研究、选题、学术研究、主题制定、策划案撰写、展品挑选、展览设计到现场布展,图书出版、文化衍生产品以及与展览相契合的教育活动等,都需要策展团队的严格把关。

苏州博物馆自 2012 年开始做为期四年的"吴门四家"系列学术展览,就结合本馆实际情况开始探索展览项目组制度,我们反复总结经验,最终形成了一个成熟有效的展览实施体系。在实践中我们深刻认识到,一个策展团队中,最重要的是要有能承担责任、上下协调,并且懂业务、了解展览实施过程的牵头负责人,很幸运的是,苏博西馆策展团队的总策划是我们苏州市文物局副局长、苏州博物馆名誉馆长陈瑞近,总协调是苏州博物馆党总支书记、馆长谢晓婷。陈局长和谢馆长作为文博展陈专家,对如何做好一个展览了如指掌,在对西馆的分区布局与展陈的规划上目标明确,他们带领和把控整个策展团队的工作节奏与细节,完全把握策展团队各个小组的进度,在三年时间里根据不同的时间节点召开各类协调会,确保策展团队的工作进度。可以说,策展团队能如期圆满地完成展览任务有赖于两位核心人物的大局意识和细节把控。

在陈局长和谢馆长的带领下,整个策展团队目标一致、分工有序、配合无间。各小组以展览为基础,整合馆内、馆外资源,启动展览、图书、教育活动、文化产品、新媒体、宣传、志愿者及问卷调查等多位一体的工作模式。

展览陈列小组:该小组主要由保管部、陈列部、工艺民俗部同事组成。策划展览内容,制定展览大纲及展品清单,并依据展品清单与借展机构取得联络,完成展品的借展工作,由许洁负责;联系展陈公司根据展览大纲完成展览的形式设计与展陈施工,由江伟达负责;馆藏文物调度由钱莺歌负责。

研究出版小组:负责展览配套图书的编辑出版以及后续相关讲解、宣传的培训与策划,由工艺民俗部许洁、杨宇萌和李焱具体负责。

宣传推广小组:利用多种媒体平台和渠道,向观众介绍展览的相关资讯和服务项目,为观众提供观展指引;设计发放展览调查问卷并撰写报告,了解观众对展览的评价,为展览及今后工作提供客观指导。该小组主要由宣传推广部同事组成，由陆军负责。

观众服务小组：开展展览相关基础知识培训；撰写展览讲解词；为观众参观展览提供引导（包括咨询服务、展览资料发放、观众参观讲解等）；录制展览设备语音；收集和整理观众关于展览的意见和建议；负责展厅展览状况的每日检查和维护；负责展厅观众秩序和工作人员服务质量的检查和督导。该小组主要由开放管理部同事组成，由王菊英负责。

公共教育与志愿服务小组：设计实施不同类型的分众化教育项目，加深观众对展览内容的理解和认识。以儿童和青少年为重点，结合展览中的文物内容，组织开展专题导览、课堂教学、手工制作、展厅打卡、专题研学等多种形式的活动，同时加强博物馆教育资源与学校教育的深度融合。该小组主要由公众教育部同事和苏州博物馆志愿社成员组成，由吕健负责。

信息数字小组：利用全景技术，开发 PC 端和移动端虚拟展览，打造永不落幕的展览，同时满足观众足不出户就能"云逛展"的需求。通过对重点文物高清图像采集、三维数字化扫描，全面、系统化的数字信息采集与记录，获取到文物真实、全面的形态特征，让观众立体化、深层次、全方位、近距离地进行艺术欣赏和体验，使不可移动的文物突破物理空间限制，通过互联网和移动终端实现资源共享，更好地让文物"活"起来。该小组主要由信息技术部同事组成，由沈晓峰负责。

文创研发小组：以展览大纲内容为依托，梳理相关文物资源，对展览相关信息进行深度开发，并针对展览的观众群体定位，研发具有更多文化属性的文创产品，以使展览文创产品呈现出不同面貌。该小组主要由文化创意部同事组成，由蒋菡负责。

以一个展览为中心，小组与小组之间既互相联系又彼此独立，各小组既有不同的工作职责，也有相同的奋斗目标，即链接馆内外资源，有效实现资源整合和信息流通，最终共同完成一个令业内专家和广大观众满意的基本陈列。

2. 一个精心的策划过程

在展览设计之初，如何以观众为中心，让展览更加贴近观众需求，让文物真正活起来，是策展过程中的一项重要挑战。这需要我们从观众的角度出发，全面理解他们的需求和期望，也需要我们用创新的方法和手段去吸引和引导他们。基于此，受众分析是非常重要的一环，因为它能帮助你更好地了解你的观众，从而制定出更符合他们需求和期望的展览内容和活动。我们认为比较重要的关键因素有：①受众年龄，观众的年龄层次可以帮助我们决定展览的主题和内容。观众越年轻，我们就越需要考虑更具有创新性和互动性的展览形式。②受众的兴趣点，以此帮助我们确定展览的方向。③受众的受教育程度，以此来决定展览的深度。④受众所处的地域，了解我们的观众来自哪里，可以更好地决定展览的文化元素和主题。

总的来说，进行受众分析可以帮助我们更好地了解观众，从而策划出更符合观众需求和期望的展览。近几年的苏州博物馆观众问卷调查报告显示，19—45 岁的观众是苏州博物馆本馆最主要的受众群体，同时女性观众占比约为60%；在学历方面，大专及本科以上观众占比最多，达到了 70.34%，硕士及以上观众占比为 17.92%。在地域方面，主要是来自江浙沪地区的观众。也就是说，长三角地区年轻的受过高等教育的女性观众是苏州博物馆的主力目标人群（图5-1）。

基于这些多年积攒的观众数据，我们对"技忆苏州"展览的内容和形式有了更加清晰的优化方向。在内容上，我们注重苏作工艺的内涵阐释，发掘文物背后的故事。在形式设计上，我们确立了唯美、时尚而又具有江南诗意的基调，在展览策划中，我们就一直以"立江南"作为策展的方向。在展览大纲撰写的各个阶段，都吸收并总结凝练调研结果、爬梳文献典籍，在历经多次推敲、打磨、推翻、重构后，完成了展览核心内容的设计。自 2018 年至 2020 年，经过不断地调整修改，完成了可以落地的展览内容和形式设计。

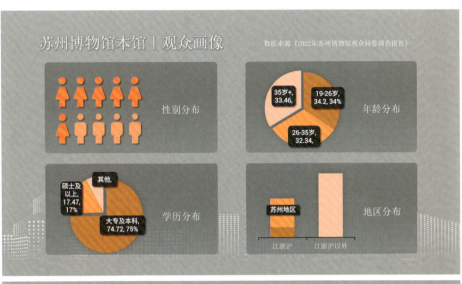

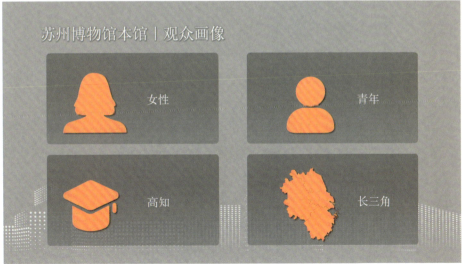

图5-1　苏州博物馆观众画像（组图）

我们自 2018 年上半年开始进行苏作工艺陈列的前置调研并着手编写展览文本，2018 年 9 月召开第一次展览内容专家会，结合专家们的指导意见确定了整个内容策划的大方向。第一稿的文本与现在整个展览的结构有一些不同，当时我们设计了两个序厅的方案，其中一个名为"四方贵吴器"，设想在展览的起始做一个复原的阊门盛景陈列，在一个复古街道内的各类实景店铺中，将挑选出的最有代表性的苏作文物陈列其中，这个方案最终没有得到专家们的支持，大家一致认为整个苏作工艺陈列应该是诗意、唯美的，要从意象上靠近江南文化，做太具象的内容与场景设计，反而不美。后来这个阊门盛景的概念还是巧妙地运用在了第二个篇章"琢绮丽"中，用以表现江南的水道街巷的意象。

之后我们又用三个月时间对文本进行修改调整，在 2019 年 1 月召开了第二次专家会，当时的内容文本结构已经与最终版本基本一致，专家们对展览内容主题以及结构表示了肯定，提出了局部的修改意见。之后我们在调整好的文本内容基础上进行形式设计，经过多次小组讨论与修改后，于 2020 年 5 月我们召开了第三次专家论证会，这次主要是请与会专家对展览的形式设计提出意见，当时专家们对设计的大方向是认可的，并对一些关键的细节提出了意见。譬如，与会专家认为应该找到一种可以代表江南和苏州的专属色调，将这种色调作为整个展厅的基础用色，当时大家对这点都很感兴趣，并建议使用秋香色作为展厅的主色调。还有专家提出要善于利用展厅的"边角料"空间，把一些需要活态展示的非遗场景和技艺以多媒体的形式放在这些"边角料"空间内，设计一条专门讲述非遗门类及技艺的暗线，这样可以与展示文物的主线加以区别。我们后来优化设计，按照这个建议充分利用展厅不起眼的"边角料"空间，设计了一条非遗暗线，这条非遗暗线融入了展厅的设计中，既能够展示非遗文化的魅力，又能够利用起原本被忽略的空间。我们通过精心的布置和展示，让参观者能够更全面地了解非遗项目的传承和发展。同时，这条非遗暗线也成了展厅中的一道亮丽风景线，它为展厅增添了独特的魅力，并且有效地利用了原本被忽略的空间，吸引了更多的观众前来互动参观。

二、三重维度的打磨

（一）物的研究

学术根基是任何展览都不可或缺的一部分。没有学术根基的展览就像无源之水、无本之木，缺乏生命力和活力。因此，在策划展览的过程中，我们深刻明白藏品研究是做好一个展览的基石，根据展览主题将库房中的藏品转化为展品，并且为观众做好展品的阐释研究，是做好这个展览的关键要素。

苏州博物馆藏品共计24819件（套），珍贵文物（一、二、三级品）9734件（套），以明清书画和工艺品见长。在编写大纲的同时，我们清楚地认识到根据展览主题挖掘和发挥藏品优势，无疑是十分重要的工作内容。因此在撰写文本内容的前期我们就一直在梳理相关展品，希望能对重要藏品的历史背景、艺术美学价值、科学研究价值以及社会或精神价值等进行系统性、深入的研究，以便全面理解藏品的价值，这样才能结合我们的展览场地、受众等因素制定出最合适的策展方案。我们挑选出重点展品，制作出一份详尽的展品解读信息，包括它们的历史背景、艺术风格、创作者信息、创作背景以及社会与文化影响等。我们的目标是让观众不仅能欣赏到展品本身的美，更能理解它们背后的故事和含义，为让观众体验到文物的最大价值而努力。

在研究过程中，我们充分利用多种研究方法，包括文献研究、对话分析、比较研究等，从多个角度全面解读这些展品。我们也会与现代艺术家、历史学者等专家进行对话探讨，以确保我们的解读内容的多维度和权威性。

例如在面对清乾隆白玉大象（图5-2）这件藏品的时候，我们就试图从各方面来解读它。如果从工艺美学角度来说，这件白玉大象是苏州博物馆馆藏玉器中的重器，

图5-2　清乾隆白玉大象

被誉为"苏博第一象"，它长 14.8 厘米，宽 6.4 厘米，高 9.7 厘米，重达 526 克。在珍贵的羊脂白玉籽料上，工匠采用圆雕技法，雕琢了一只正在扭头回望的体态肥硕的大象，白玉大象的颈部有数条黄褐色沁，原是白玉自带的皮色，匠人将其巧雕为象毛，栩栩如生，细腻动人。俏色巧雕，成就了玉雕艺术中颜色与技艺的完美融合，既是天赐，亦是人为。在它的臀部，还雕刻有一个顽皮的小童子，身着短衣长裤，足穿长筒靴，头戴金箍，右手拿着两枝菊花，左手持着树枝，左腿曲起，右腿蹬直，作向上攀爬状，神态怡然。童子与大象形象生动，祥和温馨，表现出浓郁的生活趣味。

　　从艺术史角度，我们又可以重新解读这件白玉大象。根据考古记录，在商代，人们就已经经常接触到象，除了有大象造型的青铜器和玉器，更出现了象牙器。后来，随着佛教传入中国，在佛教中具有高贵意义且作为普贤菩萨坐骑的大象，也增加了新的吉祥意义，是传统文化中吉祥、太平的象征。传说五帝之一的舜是历史上驯服野象耕田犁地的第一人，他死后，陵墓前曾出现大象刨土、彩雀衔泥的瑞兆，这应当是"太平有象"的最早传说。清代玉器的造型和纹饰，大多含有吉祥的寓意，通常是"有图必有意，有意必吉祥"，着重表达人们对美好生活的向往。大象作为艺术表现题材，有"万象更新""太平有象"的意思，而童子"骑象"又与"吉祥"谐音，同样象征着人们对幸福生活的祝愿。

从历史背景来看，我们又可以联系到清代宫廷与苏州玉匠的关系。乾隆帝是历史上有名的"玉痴皇帝"，在他的推动下，诞生了著名的"乾隆工"，主要指乾隆时期玉器的工艺代表着中国古代玉雕象征的巅峰。而在乾隆年间，苏州琢玉业发展到鼎盛期，特别是专诸巷的玉器匠人，由于技艺精湛还受到了乾隆皇帝的青睐，乾隆皇帝多次赋诗称赞苏州玉工，如"专诸巷里工匠纷，争出新样无穷尽""专诸巷中多妙手，琢磨无事太璞剖"。除了造办处，乾隆皇帝还特地要求苏州专诸巷的匠人们为他琢制最精美的玉器，最终形成了以"苏州工"代指"乾隆工"的说法，这是对苏州琢玉工匠精湛技艺的最高褒奖。

再者，通过这件白玉大象，我们还可以侧面了解清中期的军事水平和国力。这件白玉大象选用的是和田羊脂白玉籽料。在清代，和田玉还特指新疆和田地区出产的玉石，它以色如凝脂的羊脂白玉最为名贵，而经过流水反复冲刷形成的光滑细腻的籽料更是珍品中的珍品。清早期，平息新疆准噶尔部军事侵扰以及相继而来的回部大小和卓发动的叛乱的斗争一直持续到乾隆二十四年（1759），乾隆二十五年（1760）以后清廷才真正控制了新疆南北，出产和田美玉的新疆重新被清政府纳入管辖范围，这也意味着玉路的畅通。从此，清早期玉料来源受限、宫中玉作不甚发达的局面得到了大大改善，和田玉开始作为贡品上呈朝廷。从乾隆二十五年到嘉庆十七年（1812），内廷平均每年可收贡玉 4000 多斤，充足的原材料使得乾隆对玉的理解、对儒家"玉德观"的诠释得到最大的释放。当时国力强盛、经济发达，从帝王到百姓都非常喜欢玉器，和田玉也因此成为爱玉人追捧的对象。

在做藏品研究的时候，我们关注到，2010 年这件白玉大象曾经亮相上海世博会城市足迹馆，在"东方理想幻城"展区展出，向世界各地观众传递中国古代文化之美。1793年英国马戛尔尼使团来访清朝，乾隆皇帝曾将一柄白玉如意作为国礼赏赐给他们，但马戛尔尼却在《乾隆英使觐见记》一书中将这柄白玉如意记述为"有着奇怪雕刻的玛瑙一样的东西"，是"中国人眼中的珍宝，但并没有什么太大价值"。两国之间的第一次外交风云，便充满了文化的差异与隔阂。然而200多年后，在上海世博会上，无论是英国人，还是其他国家的游人在看见这件同样诞生于清中期的玉器时，都不会再得出马戛尔尼当年的结论。大象在中国是智慧、吉祥、和平的化身，将这件珍品在世博会上进行展示，是一种富有象征意义和具有深度的方式，不仅可以展示出我国的传统文化，同时也展示了我们的现代价值观和对未来的期待（图5-3）。文化的传承构成了一个国家的审美和主流价值观，这是根植在每一件藏品里的文明精神内核。

　　知其所来，识其所在，明其将往，这样的研究宗旨贯穿着我们的整个策展过程，也一直引导我们要"知其所来"，不断去了解展品的来源，了解其历史、文化、社会背景，以及当时的艺人们的创作意图和故事，这对于理解展品的价值和意义极为重要；"识其所在"要解读展品在当代的位置，它如何反映现在的社会、文化、艺术趋势，它与观众的关系是什么，从而帮助观众理解与欣赏这门艺术；更要"明其将往"，讲述未来的传承方向和新的影响。只有这样才可以帮助我们更好地服务观众，满足他们的需求，激发他们的兴趣和思考。

　　除了做好核心展品的深入研究与解读，我们在讲好整个苏作工艺的故事上不断点题借艺说"忆"，关注以"传承"为核心的叙事线索，让古代展品和当

图5-3　白玉大象知识图谱

代工艺大师的作品交相辉映，形成跨时空的对话，展现江南文化的融合与创新。当观众站在展厅内，我们应该帮助他们用当今的视角去看古代的社会和文化的变化，拉近他们同藏品的距离，建立观众和展览之间的有效链接，让观众以现在的视角通过博物馆展示的文物了解过去、分享现在和体验未来。

　　玉雕单元以"姑苏妙手"苏州明代治玉传奇陆子冈为叙事起点，展示其流变过程，最后以苏作玉雕工艺国家级传承人蒋喜、杨曦、俞挺等人的"玉见子冈"作品为结尾；在折扇单元，观众既能欣赏明代王锡爵墓出土的洒金折扇，又可以同时看到国家级非遗制扇技艺传承人王健的洒金扇；南笼大师颜虎金的煎竹苏式绣眼笼与民国制笼高手金三畏的紫檀鸟笼并列悬挂；南盆大师袁中平的"天地云龙"蟋蟀罐则静静摆放在明宣德蟋蟀盆一侧。在"绣华彩"部分，历史记忆的承载物进一步转变为"叙事者"，元代出土的丝织绣龙残片和虎丘塔发现的宋代残绣片为观众拉开了"绣城苏州"的幕布。"绣娘传奇"则将沈寿、杨守玉、任嘒閒等苏绣发展史上的代表人物的故事娓娓道来，讲述苏绣从古至今的流变和传承。

　　如今，我们更应该注意到，博物馆中的文化遗产在很多方面都是无形的。因此，"技忆苏州"展的展品需要突出鲜明的生活印记和气息，才能更好地唤起观众的集体记忆，使其产生亲切感和情感共鸣。例如，"绣华彩"展区集中展示了一批明清时期人们生活中的实用刺绣品，如绣花小围肩、刺绣如意挂件、刺绣盘金银小马褂、团花女童衣、刺绣荷包袋等。生活气息浓郁的展品可以减少观众与"文化"或"文物"之间的距离感，对文物背后价值的阐释并不都需要宏大的叙事，也应关注与人们生活息息相关的细微之处。

（二）匠的精神

"技忆苏州"在展现物质遗产即展品的研究成果之外，还有一个重点是讲述苏作技艺背后的精神，技艺即记忆，匠心即文心，展览重点也是反映技艺背后的人文传承，苏作技艺是文人意识的产物，更是江南文化的典范。我们爬梳典籍之时，发现与苏作工艺相关的文人匠心不胜枚举。自宋元以来，江南地区涌现了众多才华横溢的文人，他们在绘画、戏曲、造园和家具陈设等领域展示出了卓越的才艺。这些文人在苏作工艺发展方向上起了指导作用，可以说，文人艺术家对苏作工艺风格的形成起到了至关重要的作用。

特别是明代中期之后，苏州的地理位置和繁荣的经济环境吸引了大量的文化精英，使得苏州成为文化前沿地带，这对形成苏作工艺特有的文化内涵起到了重要作用。他们直接或间接地参与工艺实践，使得苏作工艺在审美、艺术风格、思想内容等方面都呈现出独特的地方特色。明人郑若曾（1503—1570）说："苏州乃南都之祸褥也，人文财赋甲于天下。"说明他早就意识到了"人文"对苏作工艺的重要意义。作为江南乃至全国最发达的城市之一，苏州不仅是经济的中心，还是文化的中枢。优越的经济环境、文化的高度发展，始终影响着苏州人的心态。除了重文崇教、注重人文精神的培育之外，苏州人还以一种从容而闲适的态度，创造着新的文化品位和审美追求，这对其他地区的社会风气和审美活动造成了很大的冲击与影响，使其对外辐射具有一种人文的意义。

例如我们专门设计"文人治印"小章节，向观众介绍文人直接参与工艺实践的艺术事件。明代中期以后，苏州的文人士大夫不再认为刻印是下等人为之的"雕虫小技"，有了自篆自刻的欲望。而石质材料的引入，也完全消除了过去金、银、铜、玉等材料坚硬难刻的技艺困扰，使更多的文人投入篆刻活动中。文人和匠师的结合，文人自身的雕刻，使苏州篆刻作品进一步发展为诗情画意浑然一体的精品，这是文人直接参与工艺的一个佐证。

图5-4　清乾隆周芷岩竹刻山水笔筒

　　竹刻单元的"集大成者"讲述清中期嘉定文人周颢（字芷岩）以书入画，以画法施于刻竹，用刀如用笔，开创了文人刻竹独特的艺术风格，此后百余年间，出现了一大批学习和模仿者（图5-4）。观众可以更直观地了解到文人与技艺之间的关系，以及他们在艺术创作中的独特地位和重要贡献。明清江南文人不仅仅是苏作技艺的欣赏者和使用者，也是参与者，这种参与不仅体现在他们的作品中，也体现在他们推动艺术发展、提升社会审美素养，以及影响后世的重要作用中。

　　"技艺神圣，人自重之"，文人士大夫都开始讲俗事、重治生，甚至认为工匠之名比士大夫之名更能流传后世，受此观念推动，更涌现出了许多身怀绝技、声名远扬，堪与"缙绅列坐抗礼"的能工巧匠。那么如何使观众在参观展览的时候就能了解到这些技艺背后的一个个鲜活的人呢？为此我们在设计内容时也颇费心思，做了大量的研究与准备。

明代张岱在《陶庵梦忆》中说："吴中绝技，陆子冈之治玉，鲍天成之治犀，周柱之治嵌镶，赵良璧之治梳，朱碧山之治金银，马勋、荷叶李之治扇，张寄修之治琴，范昆白之治三弦子，俱可上下百年，保无敌手。但其良工苦心，亦技艺之能事。至其厚薄深浅，浓淡疏密，适与后世鉴赏之心力、目力针芥相投，是岂工匠所能办乎？ 盖技也而进乎艺矣。"这段话被后世奉为苏作名家辑录。我们在做展品梳理的时候也希望能将历史上的名家名品都呈于一堂以飨观众，因此在全面梳理馆藏文物的基础上充分挖掘遴选，最终"技忆苏州"展线上展出的有子冈款白玉瓜瓞绵绵烟壶、鲍天成刻小虫竹节银杏木笔筒、朱三松竹雕山水香筒、顾二娘款笯形端砚、沈寿绣《济公图》……这些在历史长河中能与缙绅列坐抗礼的匠人们跨越历史长河在展厅与观众相遇了。

而面对未来，我们更要做好保护与传承的接力，自 1949 年起，新苏作艺术伴随新中国走过辉煌的 70 余年，一批重要的工艺美术资源被保护继承，如苏州刺绣研究所、苏州工艺美术研究所、苏州红木雕刻厂、苏州玉雕厂等，它们承担了培养新苏作艺术人才的职能，新苏作艺术经历 20 世纪五六十年代的手工业合作化热潮，于 70 年代后期进入蓬勃发展时期。自 1979 年至 2022 年，中国工艺美术大师评选工作共进行了 8 届，总计评选出工艺美术大师 640 人，其中苏州就诞生了 21 位中国工艺美术大师。苏州博物馆收藏齐全了苏州 21 位工艺大师的作品，在整个展览中，我们展示了 72 件（套）现代工艺美术大师的作品，其中还包含 16 位国家工艺美术大师的作品，我们通过挖掘这些工艺美术大师背后的故事，以崭新的视角呈现江南文化，期望能够进一步增强观众的身份认同，更好地为江南文化赋能。新苏作艺术在保持了地域文化独立性的基础上变得更加丰富，成为时尚潮流引领者的内在基因，创造了时代艺术的最高典范。今日的苏作工艺秉承传统，不忘创新，伴随时代发展，见证时代变迁。

《庄子·养生主》曰："指穷于为薪，火传也，不知其尽也。"原意为柴烧尽，火种仍可留传，比喻形骸有尽而精神不灭。后人用"薪火相传"来比喻学问和技艺代代相传。我们保有历代匠人留下的器物，传承其技艺，则更要领略其精神，我们可以将其精神延续到当代并传递给未来。抚今追昔，当代人应有所获。

（三）样的风尚

一个展览除了具备学术支撑外，还要能传达情感意味，引发观众不同的情感反应，这就使得展览的基调成为非常关键的一个概念。展览的基调是指展览的主题、目标、风格或者氛围，是展览的精神核心和指导原则，也可以说是一个展览的灵魂，它不仅决定了展览的内容和形式，还影响到观众的体验和理解，是连接策展团队、展览和观众的纽带，是观众形成独特展览体验的关键因素。一个好的基调可以使展览更有深度和内涵，进而提升展览的艺术价值和社会价值。

展览的基调也可以作为评价展览成功与否的标准之一。如果一个展览能够成功地传达其基调，并引起观众的共鸣，那么我们通常会认为这个展览是成功的。反之，如果展览的基调模糊不清，或者与展览的实际内容不符，那么这个展览可能就会被认为是失败的。"技忆苏州"展览定下的基调一开始就是鲜明的，那就是我们要通过展品组合的叙事和特殊情境空间的营造，重构观众对江南文化的集体记忆，加深加强人们对地方和文化身份的认同，营造一个展现江南情调、苏州风尚的展览。那么，我们怎么理解江南情调、苏州风尚？

古往今来，人们对于"江南"的独特人文和风景都有着一种追求和向往，这从诗词中可见一斑，人们善于融合身边一切美好之意象，构成眼中、心中的江南。要说江南，就不能只说江南，要提白居易笔下的日出江景，"日出江花红胜火，春来江水绿如蓝"；要见苏轼笔下的雨后湖山，"水光潋滟晴方好，山色空蒙雨亦奇"；要感杜甫笔下的世事盛衰，"正是江南好风景，落花时节又逢君"……"江南"早已不是一个单纯的地理符号，而是一种意象，一方审美，一缕情思。

自明代中晚期到清中期，作为江南核心的苏州已成为全国首富之地，苏州奢华时髦的生活和雅俗相渗的文化不但孕育了风流倜傥的苏州文士，也孕育了闻名遐迩的"苏式"文化。"苏式"是现代对多种历史名词的概括，是一种文化样式的总称。它的内容十分广泛，包含了苏州独特的生活方式、艺术风格和传统工艺。苏绣是中国四大名绣之首，以"精细雅洁"著称；苏作家具崇尚自然，强调和谐，被称为文人的雕塑；苏州园林则突出了江南水乡的特色，注重与自然环境的融合，追求与自然景观的和谐统一……这些"苏式"文化的元素，不仅展示了苏州过去的辉煌，在今天的苏州也依然被人们珍视和传承。今日的苏州，既有古老的文化底蕴，也有现代的时尚气息，这种独特的融合，正是苏州的魅力所在，也是我们的展览力求呈现给观众的主要亮点。在展览中，我们通过展品组合叙事、数字媒体技术、展厅景观化设计（古典园林、水巷街道、文人书房）等多种方式展示苏州的独特魅力，让观众对苏州有更全面、深入的了解。我们希望观众通过展览感受到苏州的历史底蕴、现代时尚和文化艺术，从而对苏州、对江南产生更多的兴趣与认同。

三、江南意象的构建

　　近来以传统工艺为主题的展览渐多，从各个视角剖析江南文化的研究著述更是难以计数，苏作工艺作为江南地区传统工艺的集大成者，承载着这片土地的历史记忆和文化积淀。如何揭示苏作工艺的辉煌成就，如何将展览打造为江南地区工艺展览领域的标杆，成为本次展陈设计的重中之重。因此，本次展览旨在明晰苏作工艺、苏式文化在中国传统文化和艺术发展中的关键作用，力求在传承有序的流光岁月中展开传统技艺与苏州人生活美学的共融发展，从苏作工艺的多个方面入手构建一个展现江南意象的现代空间。

　　从苏作工艺角度来构建江南意象是一次全新的尝试，为实现这一目标，我们对每一个工艺门类都做了学术梳理，包括技艺发源发展的过程、与其他相关工艺文化的关系、地理位置的变化、今日的面貌……力求正确而专业的同时根据观众接受度有的放矢。在陈列设计上，以"形、色、忆"为抓手，从展品本身出发，借助情境、空间等手段，以苏式意象、江南色彩、光影对比、细竹模型、现代媒体等方式呈现"雕玲珑""琢绮丽""绣华彩"三个单元的宏大叙事，从雕刻、苏式家具、绣城苏州切入，将苏作工艺与苏州人的故事和生活状态联系在一起，见物见人见生活，揭示工艺是如何融入并成为人民日常生活的一部分的。

　　从"形"上，我们以江南园林为灵感，主要采用现代抽象化、艺术化的手法解构传统苏式古典园林和工艺，通过布置太湖石类典型江南风格元素、苏式景观等方式重现江南风情；从"色"上，江南自有春水如蓝、粉若桃李、草木华滋、溪山清远之景，我们提取并运用中国古代传统色系，经营布局于展厅空间，展场即画境，调色间颇有"淡妆浓抹总相宜"之姿，使观众观展如在画中游；从"忆"上，我们的展示设计既体现展品的匠心记忆，又反映背后的文化传承。明代王锜的《寓圃杂记》中有言："凡上供锦绮、文具、花果、珍馐奇异之物，岁有所增，若缂丝累漆之属，自浙宋以来，其艺久废，今皆精妙，人性益巧而物产益多。"自宋元传承至今，我们依然能在手工业领域有幸得见"苏人以为雅者，则四方随而雅之"的社会风尚，技艺在当下不断变革，对手艺、手艺人的追溯也在不断深入，所以，在展品选择上我们注重展示当代苏州工艺大师的代表作品，用传统与当代苏作工艺品的碰撞来实现古今之间的对话，希望以此引领观众从中追忆苏州，激发观众产生对"传统"的当下认识、对苏作工艺传承与可持续发展的思考，透过苏作工艺的视角理解江南意象，别有一番意趣。

（一）色彩的美学

色彩是视觉传达中的重要元素之一，可以通过视觉语言来表达情感和情绪，传递信息和主题。在展览中，色彩美学是一种重要的艺术表现形式，它通过色彩的选择、组合和运用来表达主题、强化空间营造氛围、凸显主题、烘托展品、激发情感共轭。色彩的高度配合是吸引观众驻足的手段之一，我们根据色彩科学原理设计符合观众生理和心理的展陈光环境，在此基础上通过色彩塑造来提高观众对于展览的理解度。

前文中有提到，"技忆苏州"展览设计前期，我们通过归类梳理各大工艺门类、深挖工艺成品特色，以三个截然不同的苏作工艺组团，代表不同类型的风格与气质。我们在陈列设计思路上确定由素雅的冷色调向暖色调主题逐渐转变，在"色"上选择紧扣江南文人色彩，运用中国传统色系。最终决定在展览开始部分由两侧暖色调的黄铜色过渡，以清新的天青色接引，进入以"技""忆"苏州古典风雅的诗意空间，走进以雕刻工艺为代表的苏作工艺单元；第二单元来到苏式家具厅，我们重塑了江南院落，将苏式家具陈设其间，在色彩选择上

天青色   芸黄色   缟羽色   藕荷色

图5-5　陈列设计主色调（组图）

也与江南建筑"粉墙黛瓦"的建筑美学相一致，突出"简""雅"的风格特征；第三单元为苏州丝绣业的集中展示，我们采用金属线条搭造框架，色彩视觉风格上与第二单元顺势衔接，以芸黄为铺陈，打造视觉奇观。将中式美学下的江南色彩应用在各空间装饰及整体视觉效果中，完美消化了三种色系和风格上的过渡。

　　我们对于展览色彩的定位，是让观众在设色中体现苏式韵味，"观展如在画中游"，这离不开对江南地区色彩美学的研究。江南地区以其温和湿润的气候和丰富的水乡景观而闻名，这种自然环境反映在江南的色彩美学中，色调多以柔和的、淡雅的颜色为主，如淡绿、蓼蓝、暖灰等，这些柔和的色调给人一种平和、宁静的感觉；同时，我们也运用花草的鲜艳色彩来表达江南自然的生机和美丽，例如樱花的粉色、桃花的浅红、莲花的粉紫等，这些色彩观之使人充满活力。提到江南，就不得不提到苏式古典园林，粉墙、青砖、灰瓦，园林艺术色调尤其与水墨画的艺术紧密相连，我们常常能看到水墨画作中运用淡墨、淡彩来表现山水、花鸟、建筑等景观，这种古朴、典雅的水墨意境给江南色彩美学平添了一种淡泊、超脱的美感。

　　在确定了江南色彩的整体基调之后，我们又对中国传统色系进行了挑选，结合展品，最终选定天青色、缟羽色、芸黄色为主色调，辅之以藕荷色（图5-5）。因为中国传统色彩从观念出发，更注重色彩的意象，中式审美下的江南美学更要讲究一个色有出处。通过合理运用色彩，展览首先可以创造出不同的空间感，观众走过前言墙进入第一单元，见天青之"雨过天青云破处，这般颜色做将来"，立感胸襟开阔。我们在陈列设计上也利用色彩的空间感来引导观众的视线和感知，在一些空间装饰中又加入了少量具有金属质感的黄铜色，不破坏整体氛围的同时增加了展览的现代感，突显古今相接、对苏作工艺的传承与当代阐释，以及在新时代和未来的创新发展。其次，色彩与情感之间有着紧密的联系，不同的色彩可以唤起观众不同的情感和情绪，我们在展线中部的苏式家具厅设置了一处留白的空间，配合缟羽之"琼笙每应秋声起，缟羽微连夜色明"，别有一番宁静淡然。最后，我们利用色彩的象征意义在展览中传达特定的主题或情感，如所采用的藕荷色，与天青色之间的对比颇有"青莲衫子藕荷裳，透额垂髻淡淡妆"的意趣。

（二）江南的腔调

江南的腔调，可以是一种吴侬软语的细腻节奏，可以是一种文人雅士的诗意情怀，可以是一种典雅与秀气并存的建筑风格，亦可以是一种和谐与包容满怀的生活态度……反映在展览中，我们认为有两种解读：之于表，是一种氛围营造，主要表现为观众的代入感，通过色彩明暗、线条形状、空间大小等视觉基本元素的巧妙组合，渲染氛围，带动观众情绪；之于里，则是一种精神文化的传播，是展览主题的延续和升华，观众在观展中思考，在得解苏州为何会取得如此高地位的工艺文化成就、苏作门类知识大观之余，收获江南美学的洗礼，也能够获得审美上的提高和对生活方式的思考。

除了前文中着尽笔墨的江南配色之美外，我们在景观设置上也花费了不少心思。首先是在展厅前言的隔墙中用鲜明的太湖石做了多层镂空的墙面，层层

图5-6　玉雕单元陈列

叠叠作假山形态，似山石又似屏风的设计作为展品之间的隔断。这一元素选取自太湖及其周边的山水，是江南自然环境的经典写照，在太湖流域古代文明基础上发端的吴地文化是真正意义上的江南文化的开始。

　　在"雕玲珑"单元，展出的工艺类别包括玉雕、核雕、髤漆、折扇等等，多以巧夺天工为主要价值取向，以秀美小巧为主要形态特征（图5-6）。我们采用诗书画印相结合的结构形式，结合屏风、扇形、挑台等造型，与不同器型的玉雕件组合成一小景、一小品，方寸之间自成天地，让观众看尽苏作雕刻技艺的精与雅，对明清工艺风尚有系统的认识。以苏式古典园林中的花窗、洞门、楼、榭、轩、舫、亭、墙等构件为灵感，对其进行解构和重塑，隔墙多用圆形、扇形、多边形等带有吉祥寓意的空窗，以金属线条与软膜塑形极致简约的庭院素墙，外部再用木条窗框覆上，与同样元素的小品展台形成呼应，一虚一实，使几个展品门类在空间上互相穿插渗

图5-7　苏式家具展厅

透，将内外景致融为一体，隔而不断、框景成画，在有限的空间内增加景深，观感上多了几分深邃与优美。类似的设计手法贯穿展览始终。

在"琢绮丽"单元，展品类别集合百工之作，尤以苏式家具为特色（图5-7）。在这一部分，我们力求展示出苏式家具本身的雅重气韵，以及从家具组合中反映出的人文意趣，百思之后选择将苏式家具还于江南院落之中，用最简约、最直接的布设方式，向观众释放出更大体量的信息。如解构典型苏式家具——太师椅，端详各部件以体味技艺之精妙与风韵之典雅；中心地台聚合书房等场景，四周散布单件家具；互动组装榫卯构件，心追苏式妙艺绝伦。同时，这一单元的展陈空间以山水园林、水墨山水的苏式特色为设计背景，大面积留白为主的装饰设计特色又体现了江南水乡建筑及室内装饰的特色，空间色调上也与江南传统文化保持一致。

在"绣华彩"单元，展出的工艺类别为苏绣、缂丝、宋锦等苏州丝绣业工艺，展示明清时期织绣藏品，使观众得见当时织造工艺之高超，精工华美的背后是

图5-8 "绣华彩"展厅

繁荣昌盛的经济环境、崇文重教的历史传统和闲雅适意的社会风尚（图5-8）。这一时期，我们能从工艺作品中窥见匠人匠心与文人气质的高度结合，这统一于江南腔调的大人文环境，也赋予了苏作工艺极高的艺术品位。在展示形式上，我们采用了江南八角亭元素，以金属线条搭造框架，八角亭展柜不仅很好地把文物展示在观众面前，同时又很好地融入了江南风格。丝线绵绵，如情思悠悠。一梭子，经纬衣裳；一织机，绣像生活；一针一线，缂制古典苏州的记忆与技艺。宋锦如金，纹样纷杂，详解苏式衣裳的审美风尚与精神意趣。

　　通过对展品内涵的挖掘、展示形式的设计和对苏州人的故事与生活的讲述，向观众传达出江南天人合一的淡然、禅意清净的静美、寄情山水的意趣……丰富观众对江南的认知，让江南的腔调向外生长。

（三）光影的魔法

在展览设计中，光影效果对展览主题的打造具有非常重要的作用。一个好的光影设计除了为展览空间提供照明，还能起到切分空间层次、提升展品质感、塑造空间意境、引导观众视觉等作用。这次展览展出的展品类目较多，且均为手工艺品，不同类别的展品对于保存和展示的灯光环境要求有所不同，所以我们对于光环境的营造宗旨是以展品的安全性和流线的科学性为前提，追求空间设计感和美感。

对于展厅的一般照明，我们进行了整体设计，以多层次、立体化的照明设计贯穿始终，营造出被光包裹的诗意空间。以瓷器绿隔板和白色灯光相互映衬，烘托出苏州工艺美术品的精致和温润如玉；在灯光与颜色的比对中把控空间节奏，有效地突出展览主题，烘托江南意境。为提供良好的观感，保证同一展陈空间照度、色温的视觉统一，并在低照度展厅出入口设置视觉适应过渡区域。同时，展厅运用多种手法暗藏灯具，以达到见光不见灯的效果。避免大规模直接照明，在营造舒适自然的光环境的同时，着重调动观众的视觉情绪。

光影能够使空间产生明暗变化，从而呈现出空间立体感与层次感。展厅的前言墙，我们用太湖石形状做层板镂刻，模拟假山形态并嵌入暗藏灯带，通过增添明暗对比，灯影的效果加深了轮廓的层次感，既有太湖石透、漏、瘦的写实特点，又融入了白色亚克力材质的柔和感。在展厅空间中的部分隔墙上，我们运用了苏式园林围墙的扇形窗，柜内展板式样也多为扇形，由面及点地流露出一种苏式氛围下的精致浪漫。"雕玲珑"单元中的玉雕展区，中部独立展柜灯光多采用顶光垂直投射，精准打到玉雕作品的 1/3 以上进行重点照明，以突出玉的通透质感；在两侧展柜立面上投影抽象苏式园林中的亭、太湖石、竹元素，渲染展品质感的同时提升了展厅的艺术美感。在团扇展区，我们根据扇面内容进行意象复刻，在展品斜上方有效利用几何形状与树枝造景，通过光影变幻，

　　LED可变色温线性灯

　　天花轨道载光灯
　　天花轨道射灯

　　柜内嵌入式小射灯
　　线条立杆灯
　　磁吸微型轨道射灯

图5-9　"琢绮丽"展厅灯光设计

　　营造出月光微斜、月洒身前的效果，观之一瞬，人们脑中流转的诗句就有了画面。在"琢绮丽"单元，我们在部分扇形窗户中以树叶剪影作为装饰，制造出庭院中草木掩映的景象，使人联想到园林生活，渲染了庭院古典雅致的氛围。

　　在针对重点类别展品的专业照明设计中，综合分析展厅光环境、装饰装修面层材料等，以保护文物、提升展示效果（图5-9）。我们按照国际博物馆协会（ICOM）《博物馆照明推荐亮度要求》及国家标准《博物馆照明设计规范》的规定，对不同展区的照度进行了区别设计，织绣类对光特别敏感的展品，其环境照度在30—100lux之间，展品照明则控制在50lux以内。展览全部采用冷光束卤钨灯，安装在通柜顶部玻璃的外面，较好地避免了长时间照明使展柜内温度上升、湿度下降对纺织品造成破坏。银制品、牙骨角器、竹木制品和漆器等对光敏感的展品，照度标准值小于150（色温小于3300K），年曝光量为360000；对光不敏感的铜铁等金属制品、石质器物、宝玉石器等展品，照度标准值小于300（色温小于4000K），不限制年曝光量。

光影在苏作工艺展览中扮演着意境魔术师的角色，将色彩、对比、阴影、层次和动态融合在一起，从气氛、情感等方面解读展览主题。光影交织之中，简约与繁复交相辉映、古今交融，让观众在从"技忆苏州"之中感受独特的江南意象。

（四）展具的匠心

作为以"物"为主的博物馆空间，需要在保证空间总体格调的基础上，将"物"的文化、美感更好地呈现。我们在展陈设计中，将空间、展具、布景与文物四者综合考虑，以此呈现出多维度的文物文化内涵。

苏作工艺馆展品涵盖玉雕、刺绣、缂丝、制笺、制扇、家具等18个细分品类，材质之丰富、风格差异之大，需要我们在深化设计及布展中，细梳其间关系与逻辑，在满足文物保护需求的前提下，最大限度地呈现苏作工艺的"精细雅洁"。

1."简洁明了"与"灵活多变"

考虑到文物展具的功能在于支撑和衬托，我们希望能够通过文物展具的辅助来凸显文物，使文物处于视觉主体地位。因此，在初步设计考量中，即秉持极简主义的设计原则，将展具的色彩、质感、结构弱化，希望观众在观看文物时，能被文物本体吸引，最大化地降低展具的存在感。

依据不同展厅的空间氛围特点与展品材质特色，对展具可选的颜色进行界定，在此基础之上根据不同单元板块与柜内节奏进一步深化，因此展具具有了一定的灵活性和可变性，可以根据不同的展览需求进行调整和改变。

2.平面展具

为使空间整体风格更为统一，此次平面展具展板的运用多在展柜之内。柜内展板的设计通过大小、形态及厚度的变化，构成展示空间的形象，传达出苏州特质。考虑到视觉节奏与层次，我们将其分为装配式展板、装配式镜面、金属折板、金属绷纱四类。

对于基础的展板安装，考虑到工程周期性与文物安全性，我们在安装工艺上进行了特殊优化，以"底座＋安装面"的方式实现了传达明了、放置灵活、更换方便……展板材料分为基层材料和敷贴材料，基层材料采用中纤板，敷贴材料有宣影布、油画布等。将基材按照设计要求加工成所需形状，并保证一定的厚度，再用整张画面敷贴表面，四周用金属收边条收边。无论是方形、圆形等规则形态，还是扇形这种不规则形态，都能更好地融入展柜设计之中（图5-10）。

除此之外，我们还将单元展示内容的呈现方式在展柜中进行统一，采用金属折板或金属绷纱，打破横向的视觉关系，建立起有节奏的视觉传达秩序。运用热转印的手法，在金属板材、纱网上直接喷绘出画面，使材质更稳固，也更能融入展柜语序之中（图5-11）。

多种材质的交替使用，使江南意象的营造不仅仅呈现于平面图像上，更体现在材质的朦胧光影间。

3.立体展具

着眼于不同品类的展品，我们也希望能够在"摆放式"陈列外，使其具备更多的观赏性和艺术价值。因此综合考量展品状态、重量与文物保护需求，我们定制了一批立体展具。

核雕、小件牙角雕漆器等展品，具有重量轻、体积小、适合近距离观看的特点。我们在基础软包垫层之外，设计了几组犹如"一一风荷举"的挑空式展台，拉近展

图5-10 玉雕单元柜内展板设计（上）
图5-11 一级展板的设计（下）

品与观众的距离，也使展柜内部更显轻盈。一体成型的技术展台在场外统一烤漆，保持了面层材料的稳定性与牢固性（图5-12）。通过旋紧螺母与配重垫层，确保了展台的稳固与文物的安全。

对于折扇与团扇，我们更加希望能够呈现出其"立"起来的使用状态。在多次打样与测试后，综合展品本身特性，确定使用两种传统木质展具与一种现代金属定制展具。

折扇采用黑檀双插头扇架，木质面与木质面的接触，最大限度地确保文物折扇在展开展示中的安全性。檀香扇因其重量较重，也选用传统工艺制作的大底宽槽扇架，其精美的镂空纹样与文物相得益彰。而团扇质量较轻，也更承载着才子佳人的浪漫情怀，我们在几经打样后确定了如图5-13所示的隐藏式挑空支架，扇柄与支架立杆几乎融为一体，团扇边缘也基本上能够遮挡住半弧形支架，以此达到"凌空"的轻盈感。该支架为金属材质，选用与展板、展柜同色金属漆烤制而成。在布展中，我们以透明PVC软管为介质，附着于展架之上，使金属与文物形成有效隔绝，同时也更为隐形。

针对丝织品的展示，考虑到常设展中丝织品本身的展示周期，我们更希望在保证其美观度的基础上，定制展具不仅美观，也更具实用价值，使每一次换展更为便捷。因此我们针对服装展示，设计了两种规格的可伸缩展架，以匹配不同服饰的展示需求。展架匹配正常成年人/儿童身高并取固定高度，展臂部分则通过螺旋伸缩杆调节展臂长度，由此换展时可根据不同展品进行便捷调整，既能使展品伸展开，又能将金属结构隐藏于衣袖之内（图5-14）。

对于缂丝腰带/宋锦布匹的展示，因其本身较为工整，我们希望能够在展架的形制上有所突破，不局限于摆放与悬挂。因此定制了特殊尺寸的木质门形架（图5-15），使其更具有苏州韵味、江南意象。

图5-12　小件展品的展具设计（组图）

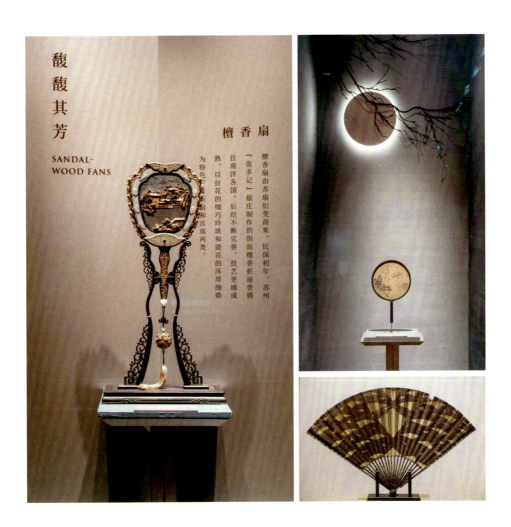

檀香扇

SANDAL-
WOOD FANS

馥
馥
其
芳

檀香扇由苏扇衍变而来。民国初年，苏州「张多记」扇庄制作的绢面檀香折扇曾销往南洋各国。后经不断完善，技艺更臻成熟，以拉花的细巧玲珑和烫花的浑厚细微为特色。有檀香折扇和宫扇两类。

图5-13 三类扇子的展具（组图）

图5-14　服饰类展品的展具设计（上）

图5-15　缂丝腰带的展具设计（下）

（五）感官的盛宴

为使观众的关注点聚焦于展览本身，此次多媒体的运营，定位更多是"辅助品"而非"必需品"。让技术回归于其本身的作用，从物件本身解读物件，让目光最终归于苏作。擅于技而不炫于技，于低调处给观众带来惊喜。

1.有内涵的视觉传达——深入浅出

在专业基础、视觉效果、呈现角度上，针对不同内容进行深入设计。参考资料援引自传世书籍，或来源于国家级大师。以期将专业的内容直观化，更利于普通观众的理解。

如针对御窑金砖烧造工艺的阐述，我们初期的制作要求即为：不应只是御窑金砖烧造工艺与历史的简单总结罗列；将细碎内容以文艺化的方式重新解构，以感性浪漫的视听语言呈现，打动观众；内涵丰富且容易理解，符合大多数观众的认知能力。

基于此，我们在内容组织上，重点展现金砖的烧制工艺，用唯美的画面、通俗的语言将烧制过程动态化，使观众更易理解。同时浓缩与御窑历史和传承相关的片段，体现出金砖的过去、现在与未来。在表现手法上，参考《耕织图》《天工开物》的人物风格与《造砖图说》的阐述内容（图5-16），结合复古动态的手绘演绎，整体氛围以传统色调与柔和质感为统筹，与展厅氛围相辅相成，实现金砖烧造技艺的艺术化表达。

2.有文化的科技感——展柜与多媒体结合

多媒体设计与传统视觉设计相结合，采用科技＋文化的空间表达方法，在保证文物展陈安全的前提下，放大文物或空间中所蕴含的文化内涵，使受众感同身受，

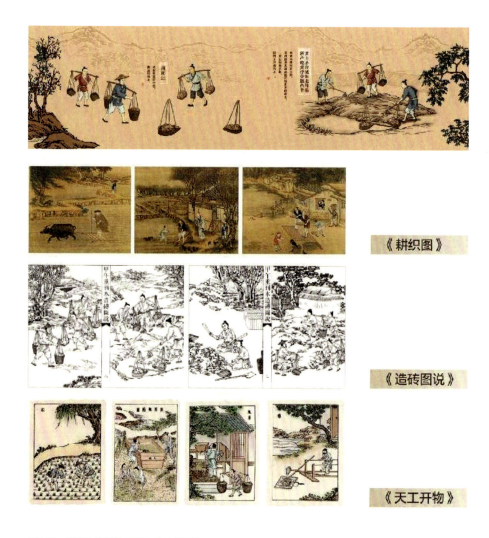

图5-16　御窑金砖烧造工艺动画（组图）

图5-17　柜内投影

从而更好地了解苏工苏作的精妙与传承。

　　考虑到展柜层次的丰富性与内容表述的节奏感，此次展陈设计中，我们多处采用柜内投影技术（图5-17），使展陈动静相宜。在常设展览布展中，文物保护是最大的前提。我们着重针对展柜顶部结构进行专项设计，兼具灯光、投影、挂件线、门磁开启等复杂结构需求，实现柜内与柜外相隔绝，以确保温湿度调节系统的平稳运行。同时实现在后期灯光调节、多媒体设备维护的过程中，无须进入柜内，最大限度地减少对文物的影响。

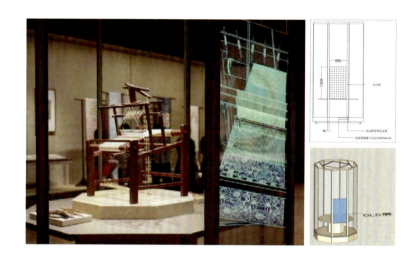

图5-18 OLED透明屏配合缂丝机陈列

确保多媒体设备对柜内展品无影响之后，我们精心挑选了6件不同风格的展品纹饰，对其进行活态化呈现。如对珊瑚的审美意象进行扩展性表达。以珊瑚剪影为基础，将其作为不变的"枝干"，配上飞舞的蝴蝶，蝴蝶时而盘旋，时而小憩，呈现出蝶舞纷飞、树影摇曳的氛围。投影面选用绡纱，既呼应了苏工苏作（苏绣绣绷），同时相对于传统的投影材质，也更显典雅与质感。以朦胧之美中和多媒体的荧光感，视觉上更柔和。而动态的呈现也使柜内更添一丝俏皮与灵巧。

为了达到更好的视觉传达效果，我们更是直接将多媒体技术运用于展柜整体设计之中，实现展品与多媒体技术的有机结合。

在缂丝内容讲述版块，我们希望观众在欣赏精美展品陈列之余，能更直观地认识到缂丝与苏绣、织锦工艺的区别，了解到为什么有"一寸缂丝一寸金"之称。因此，配合柜内缂丝机陈列，将OLED透明屏置于展柜之上（图5-18），通过优化展柜边框结构，最大限度地隐藏屏幕边缘电路，以达到真正的"透明"与"无形"。多媒体内容采用线条化褪底的制作方式，不显像的地方即为"透明"，与柜内陈列相映成趣。内容上从缂丝机每部分的结构到缂丝工艺的步骤，逐一阐述，娓娓道来。

此外，我们还利用投影、画屏、嵌屏等方式，对展示内容进行扩充讲解，包括但不限于无法搬运的石雕、泥塑，传世精美的苏式家具，其他单位收藏的精美玉器等，使展示层次更为丰富多元。

3.有关怀的社教体验——青少年互动屏

针对每个展厅的展陈特色，综合考虑青少年身高特征，我们设置了游戏互动类触摸屏。在软件内容设计中，将"雕""琢""绣"等元素运用于游戏语境之中，使知识传播深入浅出，从而引发青少年的兴趣。

在展项的安装定位上，我们针对6—13岁青少年身高，将高度定为1.2米。这一对于普通成年人来说略矮的位置，恰使青少年群体更易发现，也更易于其操作。

为了更好地调动青少年群体的互动参与性，我们在展项风格的设计上采用了手绘插画的形式，将重点展品的纹路与形象艺术化、卡通化，用更丰富的色彩与多层次的动画特效，深入浅出地表现出传统苏作工艺的审美价值与意趣。例如在"琢绮丽"板块，我们展示了一组成套的头饰（图5-19），这部分的青少年多媒体设计就以此为出发点，将主题定位为"穿一穿"。在这一多媒体展项中，青少年可以选择不同的人物身份所对应的服装（如少女装、婚服、朝服），选择不同的首饰进行穿搭，了解金银饰品的不同使用方式与佩戴场景。

4.有温度的展示纪实——小影院

在展厅中转的核心节点，我们设置了一个可以坐下来观看影片的"小影院"（图5-20）。以典藏苏州为主题，整个影片反映出展厅打造过程中典藏经典、传承技艺、

图5-19 面向儿童的多媒体设计

图5-20 "琢绮丽"展厅中的苏作"小影院"

面向未来的精神风貌。用现代潮流的视角解读传统技艺，传递苏作的传承与匠心。

我们希望观众可以更直观地了解苏作，即"过去的苏作是什么，当下的苏作是什么，苏作的普遍运用在哪里"。由展馆到影片，构成完整的逻辑线，解读苏作的前世今生、台前幕后的故事，更加直观易理解。

影片的核心思想是希望厘清苏作与非遗的关系。很多苏作技艺是非物质文化遗产，但是苏作又不仅仅是非遗。影片展示了与苏作相关的非遗内涵，使观众了解到非遗的传承者、保护者、展示者的心声，体现出苏派技艺与苏州文化的延续和发展。

同时我们也在影片中讲述展览背后的"小心机"，比如古代藏品与当代作品的呼应、苏作工艺在装饰布展中的应用等，用影片将这些"暗线"元素点明，使观众更能体会到精致展馆的由来。

影片揭示了展览背后的故事，观众在这里不仅仅能够通过展品感受苏作之美，更能够在小影院里静下心来，了解这个展览的精神内涵与工艺特色。在全方位了解苏作展览的过程中，观众更具参与感与体验感，展览体验更加生动。延时摄影的手段使影片更具纪实片的氛围，观众会发现影片中所包含的策划、装饰、布展、试运营各个阶段中的每一位观众可能是苏作的参与者和见证者，由此体现出苏作的温度与展览的温度。

四、苏作精神造展览

（一）专业管理理念

1.建立质量创优管理体系

（1）质量管理严格按照 ISO9002 标准进行，指导全过程质量管理。工程实施初期，以质量手册和质量体系文件为基础，编制该工程质量计划、特殊工序施工方案、作业指导书以及各部门质量岗位职责，建立起完善的质量创优管理体系。在实施过程中，根据该项目展览展示的实际特点，严格并全面推行质量体系的持续有效运行。

（2）优秀的装饰布展设计和施工图深化设计是装修布展工程成功的良好基础。由具有丰富施工经验和深厚艺术修养的管理人员组成项目管理团队，以便不断地在施工过程中对原设计中存在的问题和现场随时发生的变化进行及时的完善和应对，从而达到最佳的视觉效果。

（3）项目经理部成立质量管理领导小组，项目经理任组长，项目技术负责人任副组长，下设的工程质量管理部保证质量体系运行，职能部门负责质量管理日常工作。

（4）质量管理部负责具体质量管理工作，贯彻和执行工程质量管理制度和技术检验制度的各项规定，进行质量检查验收，各项检查工作必须经质量管理部终检合格后方可提请监理工程师检验。

（5）质量管理领导小组负责定期召开质量分析会议，检查、分析质量保证计划的执行情况，及时发现存在的问题，研究改进措施，推动和改进施工过程

中的各项质量管理工作。

（6）为了确保工程质量，在项目部内部实行三级质量管理制度，质量管理部设专职质检工程师，施工队设专职质检员，施工班组设兼职质检员。质检员和兼职质检员由具有丰富相关经验的工程师担任。

2.坚持正确的制作程序及管理制度

（1）树立打造绿色建筑的目标。从工程进场就树立打造绿色建筑的目标，选择具有国家权威机构认证的绿色环保材料，施工过程中严禁使用国家或地方管理部门禁止使用的、限制和淘汰的材料和产品。

（2）做好现场技术交底工作。项目班子进驻现场后，由项目经理会同现场管理班子成员对这项工程的合同内容和业主要求进行澄清，并由项目经理交底施工组织方案的要求，修改和完善施工组织计划，从而使计划符合施工现场实际，具有可操作性。现场的施工技术人员和现场设计人员，在认真研究和熟悉施工图纸及现场施工条件、施工环境的基础上，制定施工计划，提出施工技术方案，并向管理人员、各班组队长和施工人员交底工程图纸和各分项工程的施工技术要求，对施工中的安装技术、关键工序、施工难点、质量标准等给予文字说明和重点提醒，如放线测量、转接件的安装和调整、隐蔽工程等。技术交底做交底记录，由技术交底人、施工班组长和施工人员签字确认。对于某些分项工程抓好施工前的示范操作，采用"样板"引路，以保证工程施工质量，减少返工。确保装修布展施工队伍和安装队伍知道工程标准要求和干好这个工程的有关措施。

（3）坚持样板引路制度。各道工序或各个分项、检验批在施工前必须做样品，尤其是艺术品等非标材质、展品，由设计负责人及相关专业技术人员进行监控指导。样品完成后要由设计负责人、项目专业质检员、有关专业技术人员共同进行验收，满足要求后才能全面制作，再经上级有关部门检查验收后才能施工。如：9号"盒

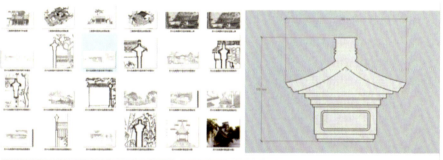

图5-21　"琢绮丽"展厅隔墙屋檐设计（组图）

子"展厅中隔墙顶部屋檐结构，考虑到通透效果及墙体承重，设置为不锈钢网立体编织装置。在深化设计及制作阶段，从形制上，研究苏州园林墙体屋檐结构，结合制作工艺、空间效果进行造型深化设计，同时选取不同粗细钢丝、不同间隔尺度、不同焊接形式的屋檐进行打样，最终选定一款进行落地制作。整个制作过程包括建筑3D建模、3D打印小样、同比放大内模、钢筋焊接造型、不锈钢网焊接造型、整体着色、现场焊接拼装、造型调整、上保护漆。在每个环节进行把控，最终达到图5-21所示的成品效果。

（4）合理的工序安排有利于对质量的控制和对成品的保护。施工顺序为先顶后墙再地，水电管线等配套系统工程在隐蔽验收前配合完成，灯具安装在地板铺设前也应配合完成。涂料、玻璃安装等作业在各施工段穿插进行，原则上按乳胶漆、金属工程、玻璃的顺序进行施工。安全控制、噪声控制、文明施工等工作与保证质量、工期的措施同步实施。在施工过程中尽量减少对已完成部分项目的接触和损坏。指定专人负责，严格执行"搬运、贮存、包装、防护和交付控制程序"，采取"护、包、盖、封"的保护措施，并合理安排施工顺序，防止后道工序损坏或污染前道工序（图5-22）。

（5）工程例会制度。每周召开工程例会，实施团队汇报工程进展情况并听取业主、监理、质检站及设计院等各方面的指导和意见，协调施工或图纸上的问题、方案措施。实施团队每周内部总结工程施工的进度、质量、安全情况，传达外联工程会议精神，明确各专业的施工顺序和工序穿插的交接关系及质量责任，加强各专业工种之间的协调、配合及工序交接管理，保证施工顺利进行。

（6）建立"五不施工"、"三不交接"及工序"三检"制度。"五不施工"：未进行技术交底不施工；图纸和技术要求不清楚不施工；测量资料未经核验不施工；材料无合格证和试验不合格者不施工；工程不经检查不施工。"三不交接"：无自检记录不交接；未经专业人员验收合格不交接；施工记录不全不交接。工序"三检"：自检、复检、终检。上道工序不合格，不准进入下道工序，确保各道工序的工程质量。

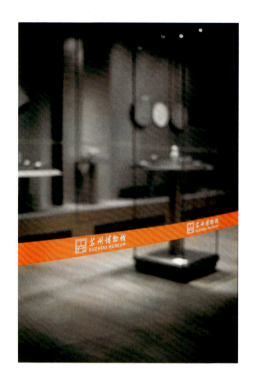

图5-22 布展完成的展厅围挡

（7）建立严格的原材料、成品和半成品进场验收制度。采购进场的原材料、成品和半成品要由质量管理部组织进行验收。参加验收的人员包括质量、技术、物资及使用单位的有关人员。质量检查记录和试验报告保存备查。检查合格、同意进场的材料、成品、半成品分类、分批堆放，并设立标志和账卡，坚持按用途归口管理、发放，不得混杂。对易潮的物品要做好防雨、防潮工作。

（8）建立原始资料和质量记录的保存制度。此项工程的每一单项工程都准备了一套完整的质量保证文件和记录。文件包括：质量计划；特殊工序施工方案、作业指导书；技术标准、规范；采购的技术要求等。

（二）超强执行能力

为使效果图落地实现"所见即所得"的完整呈现，从设计到项目实施阶段，在保持原有创意的基础之上，深入研究项目设计方案落地可行性，反复推敲，尤其对于工程重点、难点项目进行分析，并梳理针对性的解决方案。

就设计而言，苏作工艺馆以精工细作体现苏作精、细、雅、洁，形式上化繁为简，以现代抽象的艺术化手法解构苏式古典园林与特色工艺元素，形成全新的视觉效果。如何将传统的门、窗、扇、洞、檐与墙体有机结合是该项目的难点。因此在深化设计及制作过程中，对于空间结构，进行1∶1建模，反复研究分析，根据空间参观视觉效果及参观心理，反复打磨微调。通过新材料与技术的应用，将展陈设计与室内环境打造充分融合，利用天光的氛围、景窗的通透，结合透光材质打造的虚实隔断，于展厅中呈现出一步一景的园林意趣。最终达到由概念图到深化图到落地效果不断完善的目标（图5-23、图5-24）。

就基础装饰装修而言，重点在于8号"盒子"空间，首先该空间高度高，且展厅内顶中顶结构不仅要保证下顶面吊顶的结构安全、功能需求，还要保证其上斜面顶的施工能正常进行，因此下顶的吊顶结构尤为重要；其次，墙体大跨度的悬挑门洞以及天窗侧面采光的结构施工是该项目的难点。结合设计效果及建筑最终完成面高度、顶部倾斜度，在深化设计过程中，由专业结构工程师进行承重测算，综合考虑维修养护的结构需求，进行隐蔽设计，最终达到了安全、美观、大气的空间结构效果（图5-25、图5-26）。

就专业展柜而言，施工的重点在于根据文物展品展览要求定制的特殊独立展柜，如10号"盒子"中的立方体圆洞玻璃异形展柜，9号"盒子"墙面陈列金银器的圆形龛柜、陈列泥人文物的组合龛柜，5号"盒子"陈列织绣文物的八角异形组合展柜（图5-27）。这些定制独立展柜的开启方式，以及如何与多媒体设备等辅助展品相结合是该项目的重点与难点。针对展柜，集合展柜、灯光、多媒体、美工等多

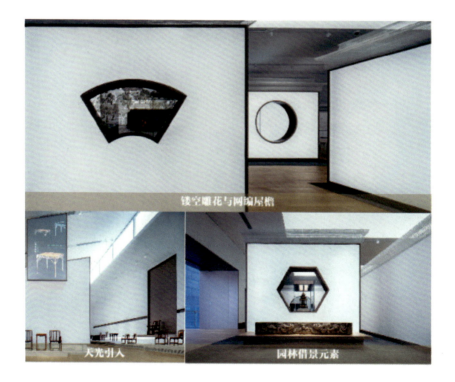

图5-23　"琢绮丽"展厅现场（上）
图5-24　"琢绮丽"展厅概念（组图）（下）

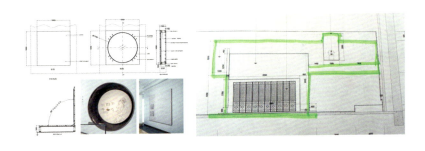

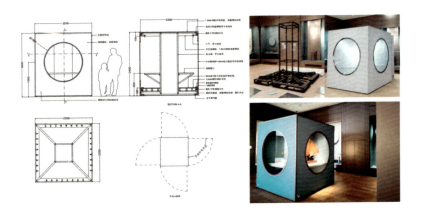

图5-25　苏作家具展厅效果图与现场照片（组图）

图5-26　苏作家具展厅设计草图

图5-27　异型展柜设计图（组图）

个工种进行研究，综合设计。

基于以上施工难点，为保障落地呈现效果，设计团队全程监督制作进度、打样效果，做到馆方、设计、实施各部门之间密切沟通、快速推进、全流程把控执行力度，为各重难点、亮点项目的呈现提供了保障。

（三）精工细作打磨

在整个项目制作实施过程中，除了对技术难点进行专业攻坚，秉持着精工细作的专业精神，考虑到展览呈现效果、文物安全及未来运维细节，我们还进行了一些"看得见"和"看不见"的考量，提升了展览的整体品质以及后期使用的顺畅度。

1.第一视觉形象的打造

展览序言照壁墙是展览给观众的第一印象，因此在设计制作过程中，我们进行了细致的研究分析。从初始的设计方案确定提炼苏州太湖石元素进行现代化解构、初步建模，到材质选样、工艺研究，到分层深化设计、单体 3D 建模、灯光模拟、视角分析，再到小样制作、微调，最后放样制作，现场安装，呈现出最终的效果（图5-28）。太湖石序言墙也成了整个展览的打卡亮点。

2.专项设计、制作辅助展品/展具

综合考虑空间、展具、布景与文物，呈现多维度的文化内涵。请名家制作布置实物辅助展品，为十余个品类的文物定制特殊展具，在保护文物的前提下，兼具美观性、融入性，与柜内陈设布景相融合（图5-29），最大限度地体现展陈效果（图5-30）。

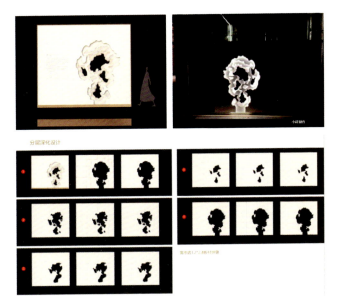

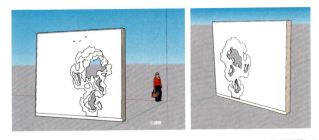

图5-28　太湖石序言墙的
诞生（组图）

图5-29   多媒体与展陈的融合

构件穿透背板，背面固定？ 需要套软管保护

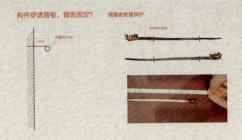

构件穿透背板，背面固定？ 需要套软管保护

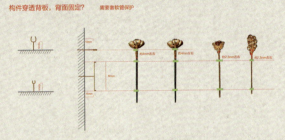

构件穿透背板，背面固定？ 需要套软管保护

鱼线/棉线

贴背板固定　　下面小钉子/小钩子固定

预计做16个

需要套软管保护

预计做16个

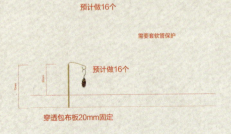

穿透包布板20mm固定

图5-30　定制的金银器展具

3.照明设计

照明设计体现以人为本的原则，注重光对人的情绪的影响，兼顾空间与物的结合，创造丰富空间感和层次感，营造良好的视觉情绪氛围，实现氛围生于光，空间成于光，建筑诉诸光。在营造良好视觉氛围的同时，兼顾灯光变换需求，利用智慧集成系统实现多种灯光模式一键切换。在展柜上设立独立的灯光空间，灯光调控避免对柜内文物产生干扰，实现调灯不开柜，见光不见灯。

图5-31 OLED透明屏

4.积极推广应用新技术、新材料、新工艺

（1）透明动态展柜。配合柜内展品陈列，将 OLED 透明屏（图5-31）置于展柜之上，实现展品与多媒体技术的有机结合。通过展柜边框结构优化，最大限度地隐藏屏幕边缘电路，以达到真正的"透明"与"无形"。

（2）采用大规模工厂化加工、现场装配的施工方式。充分利用工厂设备先进、机械化加工、速度快、质量高及产品相对误差小、易于拼装的特点，进行现场装配的流水化施工，提升效率、提高品质、减少现场施工噪声。

（3）所有内、外部装饰的涂料，油漆均采用喷涂工艺，特殊部位在厂家进行高温烤漆处理，并达到相关要求的优良标准，涂料效果、色彩品质更可控。

（四）全程把控进度

项目实施前，在充分理解设计意图的前提下，结合质量及工期目标要求、呈现效果需求、现场实地踏勘成果，编制项目施工组织设计及总进度计划，并根据施工过程中现场实施条件，有针对性地调整进度（表5-1）。

装饰总施工顺序如下：施工定位放线——转换层施工——墙体骨架施工——（强弱电）管线、桥架、恒温恒湿管道隐蔽工程施工——隐蔽验收——地面混凝土找平——墙面封板（面层施工）——（喷黑、集成灯槽制作安装）吊顶龙骨施工——封板——吊顶面层施工——设备安装——调试。

在此基础之上，针对重难点施工部分进行专项分析。如8号"盒子"大尺寸悬挑结构，我们延请专业设计院测算荷载，进而进行结构优化、加粗钢架，在确保门洞稳定性的前提下最大限度地还原效果图设计。考虑到此间建筑的特殊性，我们希望能够将天光引入空间之中，因此对转换层结构进行改造与隐藏设计，以最简洁的外在形式实现最通透的视觉效果。

此外，我们在展陈设计与多媒体设计上也提前梳理出重难点。需要与施工同步采集的影像素材分阶段预先安排，针对重点文物的布展结构件设计进行多次试验测算，有疑问设计要点提前打样等，由此确保在最后的布展冲刺阶段能够快速落实到位，确保按时开展。

在项目实施过程中，按编制的施工组织设计及总进度计划，本着对呈现效果与质量高度负责的态度，积极与监理部门和有关单位配合，服从建设单位和监理工程师的监督和管理，严格控制工程进度，保质保量。

表 5-1 苏作馆深化设计与布展实施施工总进度计划

部位/项目名称	开始时间	结束时间	3月				4月				5月				6月				7月				8月				9月			
			第一周	第二周	第三周	第四周	第一周	第二周	第三周	第四周	第一周	第二周	第三周	第四周	第一周	第二周	第三周	第四周	第一周	第二周	第三周	第四周	第一周	第二周	第三周	第四周	第一周	第二周	第三周	第四周
装饰装修部分																														
临电敷设	2021年3月1日	2021年3月7日																												
施工放线	2021年3月1日	2021年3月14日																												
吊顶转换层施工	2021年3月8日	2021年3月31日																												
墙体轻钢骨架施工	2021年3月22日	2021年5月21日																												
地面、墙面、吊顶管线、桥架敷设	2021年4月15日	2021年5月31日																												
地面展柜恒湿机管线敷设	2021年5月8日	2021年5月31日																												
地面混凝土找平	2021年5月22日	2021年6月7日																												
墙面封基层板	2021年4月15日	2021年6月21日																												
墙面满刮腻子、顶喷黑、无机矿物涂料	2021年5月8日	2021年6月30日																												
石膏板吊顶、拉膜吊顶、钢丝网吊顶	2021年4月22日	2021年7月7日																												
墙面面层板安装（包括贴脚、门边框）	2021年6月10日	2021年6月30日																												
玻璃窗安装、门安装	2021年6月1日	2021年6月14日																												
地面实木地板安装、石材铺贴	2021年6月10日	2021年6月30日																												
展台制作安装	2021年6月8日	2021年6月30日																												
灯具安装、调试	2021年6月5日	2021年7月5日																												
多媒体硬件及软件部分																														
资料收集影片脚本设计	2021年3月1日	2021年3月21日																												
影片脚本签字确认	2021年3月15日	2021年3月31日																												
影片分镜设计	2021年3月8日	2021年4月14日																												
影片分镜签字确认	2021年4月8日	2021年4月21日																												
影片预演	2021年4月15日	2021年4月30日																												
影片样片签字确认	2021年4月22日	2021年7月5日																												
影片成片制作	2021年5月1日	2021年7月5日																												
影片成片签字确认	2021年6月22日	2021年7月5日																												
影片安装	2021年7月1日	2021年7月5日																												
多媒体设备采购	2021年5月1日	2021年6月7日																												
多媒体设备进场	2021年6月1日	2021年6月14日																												
多媒体设备安装	2021年6月8日	2021年6月30日																												
多媒体中控系统制作	2021年5月15日	2021年6月21日																												
了媒体电控系统安装调试	2021年6月15日	2021年7月5日																												
多媒体全馆系统联调	2021年6月10日	2021年7月5日																												
美工展陈部分																														
美工展陈立面资料收集	2021年3月1日	2021年4月14日																												
美工展陈立面设计	2021年3月15日	2021年6月7日																												
美工展陈立面签字确认	2021年5月1日	2021年6月14日																												
美工展陈立面制作	2021年6月1日	2021年7月5日																												
美工展陈立面安装	2021年6月22日	2021年7月5日																												
艺术品部分																														
各种形式展柜实施方案探讨	2021年3月1日	2021年3月14日																												
各种形式展柜深化制作图纸确认	2021年3月8日	2021年3月21日																												
各种形式展柜场外定制、过程监督验收	2021年3月15日	2021年5月31日																												
各种形式展柜现场安装	2021年5月22日	2021年6月21日																												
仿古建筑实施方案探讨	2021年3月15日	2021年3月31日																												
仿古建筑深化制作图纸确认	2021年3月22日	2021年4月7日																												
仿古建筑场外制作、过程监督验收	2021年4月1日	2021年6月7日																												
仿古建筑现场安装	2021年6月1日	2021年6月30日																												
艺术屋檐实施方案探讨	2021年3月15日	2021年3月31日																												
艺术屋檐深化制作图纸确认	2021年4月8日	2021年4月21日																												
艺术屋檐场外制作、过程监督验收	2021年4月1日	2021年6月14日																												
艺术屋檐现场安装	2021年6月8日	2021年6月30日																												
艺术造型实施方案探讨	2021年3月15日	2021年3月31日																												
艺术造型深化制作图纸确认	2021年3月22日	2021年4月7日																												
艺术造型场外定制、过程监督验收	2021年4月1日	2021年6月7日																												
艺术造型现场安装	2021年5月15日	2021年6月14日																												
现场保洁	2021年3月1日	2021年7月5日																												
设备调试																														
文物搬迁入库及展厅布展	2021年8月11日	2021年9月20日																												
试运行压力测试	2021年9月15日	2021年9月25日																												

说明：
该项目的施工重点分项工程为各种形式的展柜的定制及仿古建筑的定制，因此应作为影响工期重点控制项进行控制。
该项目使用大量的拉膜灯箱，为保证拉膜灯箱的安装质量及效果应在现场无灰尘的环境下进行安装。

纯粹江南
技忆苏州

Pure Jiangnan
Memories of Suzhou Crafts

透露着玉器的造型与纹

观 展

江南美学多元体验

　　从忠王府院内的那一株紫藤出发，驱车一路向西十余公里，狮子山前，白云浮动，狮山文化广场悄然映入眼帘，十座优雅恢宏的"盒子"坐落其中，这便是苏州博物馆西馆。全新且现代的博物馆建筑为博物馆团队提供了施展才干的舞台。望向本馆那一经典之作，西馆巧妙地选择了"错位发展"，精心策划推出苏州地区首个通史陈列和苏作工艺陈列，用更大的空间来展出吴地更多的宝藏，生动讲述苏州1万多年的发展历程，续写江南的锦绣华章；更是顺应时代发展，将目光投注到遥远的域外文明，在馆舍之中专辟出一间国际合作展厅，用以呈现东西文明之间的对话，力图为观众呈现世界通史和中华文明多元一体的崭新图景。

　　从2018年3月铲起馆舍奠基的第一锹土起，苏州博物馆西馆团队在一次又一次的论证、修改、完善中度过了1600余个难忘的日日夜夜。当时间来到2021年9月25日，苏州博物馆西馆盛装一新，迎来了首次场馆压力测试。9月29日下午正式启动试运行。

　　当公众怀揣期待走进这座崭新的博物馆，属于苏州博物馆西馆的"大考"才刚刚开始。如何让博物馆观众开开心心地来，收获满满地归，在观展中更好地感受到展览传递的内涵，领会到独属于江南美学的现代魅力，博物馆团队一直在思索。"云观""造物""化雨"正是苏州博物馆西馆给出的三个答案，事虽寻常，却也出了新意、成了体系，值得我们来细细探究。

一、云观：多措并举打造云上江南

　　2022 年 8 月 24 日，在捷克布拉格举行的第 26 届 ICOM 大会框架下，ICOM 特别大会通过了全新的博物馆定义。相较于上一版定义，这一个版本之中增加了对"包容性"、"可持续性"及公众"可及性"的强调。苏州博物馆西馆在运营之初，就试图借助多样手段，整合宣传，力求打破时间、空间层面的边界，赋予更多的社会成员接触的便利。

（一）系统有序的宣传

　　在西馆开馆的前、中、后三个阶段，苏州博物馆宣传推广部门希望能依托多种媒体平台和渠道，向观众介绍展览的相关资讯和服务项目，降低观众心中的入馆门槛，吸引社会中的潜在观众，并为之提供全面的观展指引。

　　为达到上述目标，苏州博物馆西馆制定了系统化的综合宣传推广方案，并在各个关键时间点进行进度考核。工作周期定为西馆开放倒计时 100 天至开放后两个月，宣传构思包含原创内容生产、媒体合作推广、新媒体互动推广、地面推广四个方面，深度挖掘苏州博物馆西馆"看江南、观世界"品牌内涵，打造面向"全年龄""全领域"群体的全媒体综合宣传。

1.原创内容生产

　　无论是身处传统媒体时代，还是面对当下蓬勃发展的新兴媒体，"内容为王"

图6-1   全媒体宣传项目概念一览

是苏州博物馆宣传推广团队不变的坚守。团队从展馆、展览、展品三个维度入手，前期与馆内各部门对接采访形成系列宣传稿件，从 2021 年 7 月中旬开始持续推送（图6-1）。借助苏州博物馆官方网站、官方微信平台、微博平台，全方位记录和呈现苏州博物馆各个部门紧张有序、用心用力筹备西馆场馆和展览建设的背后故事，捕捉下那些奋斗在一线的西馆建设者们的辛勤身影，进而让观众提前通过线上宣发了解到这座正在建设的"新博物馆"。

2.媒体合作推广

在西馆开馆前 5 天，苏州博物馆邀请了近百家国家、省、市主要传统媒体和网络媒体，如《人民日报》、新华社、《光明日报》、央视新闻、《中国文物报》

图6-2 《中国文物报》整版图文报道

《苏州日报》、引力播、弘博网、澎湃新闻等来到苏州，对苏州博物馆西馆的展览精华部分进行实地体验、实地采写、实地拍摄，深入推进采访和报道，到场媒体或拍摄短视频，或撰写图文向公众披露西馆内景，在文博界和长三角媒体圈形成了很好的宣传矩阵。

考虑到直播作为新媒体时代大事件的传播利器，具有最快传播、最强互动、最具影响力三大特点，适合于短平快的大型活动/事件宣传，我们特意选取网易苏州平台开展深度合作，借助"网易直播"平台进行探馆直播。开馆后的2021年9月30日至10月30日，观众可通过直播看西馆，在策展人的导赏下"云逛展"。我们还与国家文物局机关报《中国文物报》和专业类媒体《收藏快报》合作，在西馆开幕当天进行整版图文报道（图6-2）。

西馆团队筛选 15 位不同领域（侧重文旅方面，延伸至艺术、历史、音乐、科技、游戏领域）的网络达人作为苏州博物馆首批"西馆体验官"，在 9 月 30 日前分批探馆进行互动直播和探馆 vlog（视频日志）或短视频拍摄、音乐舞蹈节目录制等，突出"年轻""国潮""跨界""创意"等概念。借助专业领域网络达人自带的流量制造社交媒体话题风暴和提高关注度，尝试"出圈式"宣传。

"纯粹江南""技忆苏州"展正式向公众开放后，为持续保持热度，苏州博物馆在对展览文物信息进行深度挖掘后，制作了一系列文物展品宣传计划。首先是系列文物海报的制作和发布，以"馆长推荐文物＋策展人推荐文物"模式，撰写文案，并完成海报设计和发布。其次，推出西馆文物版"时间里"小专题，分为"江南十二时辰"和"文物中的人生历程"，分别以古人一日中不同时段使用的器物、古人不同人生阶段关联的文物为线索，介绍"纯粹江南""技忆苏州"展的展品，体现江南独有的精致美学和文化传统，并在微信、微博进行文字和 H5 页面的同步推送。与此同时，配合西馆人文宣传片拍摄主题，在"技忆苏州"展品中挑选符合"望"（翡翠绿）、"探"（藤黄）、"融"（曙红）、"智"（青花）题材的相关代表性苏作文物精品，进行文字和 H5 页面联合推广。

3.公众互动推广

宣传推广团队在线上平台上推出了苏博西馆专项微博答题，在微博日常答题互动中，不定期穿插与西馆建筑、展览设计和苏州通史、苏州文物相关的题目，带 # 苏博西馆进行时 #、# 看看苏博西馆格"西洋镜"# 等话题发布。

在线下设置了西馆基本陈列打卡任务，包括合影打卡和展厅任务卡。在西馆门口摆上建筑模型或"朋友圈"打卡框等，方便观众拍照留念，并在网易平台发起苏州博物馆西馆拍照挑战，网友现场摆拍并 @ 苏博，提高西馆品牌曝光度。与此同时，在展厅内设置一系列打卡任务，观众在前台领取附带"集印章"功能的导览手册后，前 200 位完成全部任务的观众可获得 5—10 元文创商店优

图6-3 "我心中的江南"荐书活动海报

惠券，后续完成的观众可获得明信片等其他奖励。

不仅于此，西馆团队与设计师联动，采用"平面＋手绘"风格，融合场馆、文物和人物，采用"国潮"风格，以"一段话"的形式设计海报。在设计中突出博物馆在人的审美塑造、价值引领、情绪疗愈、知识获取、品位提升、休闲社交方面的独特价值，使之更加贴近当代城市青年生活语境，以青春化的叙事讲述博物馆和文物故事，在微博、网易、微信、B站、小红书等社交平台进行线上推广，取得了不错的互动宣传效果。

苏州博物馆西馆针对"人人尽说江南好，究竟何处是江南？"的疑问，在开馆后一个月在线上观众留言区发起了"我心中的江南"荐书活动（图6-3），邀请观众写出各自心中代表江南的图书和推荐理由，包括但不限于人文社科类、古籍类、文学诗歌类、儿童绘本，等等。荐书活动结束后，选购部分书目放置在西馆观众休息区域，通过这一措施在西馆中营造出全民阅读氛围。

在西馆开馆两个月之后，博物馆团队邀请专家综合苏州博物馆本馆及西馆、忠王府、古籍馆资源，列出 30 件"宝藏文物"提名名单，与媒体联动发布评选讯息，向公众介绍文物背后的学术价值和历史文化价值，并邀请热心苏博发展的社会公众在苏博微信平台进行投票。在 2021 年底完成评选工作，于 2022 年新春之际公布，票数前十名的展品获评"观众心中的宝藏文物"。

（二）数字赋能的文物

在苏州博物馆西馆的出口，随机询问参观完博物馆的观众：西馆给您最大的感受是什么？听到的回答往往会是文物表现更加动态立体了，沉浸式体验更丰富了。

这一切改变的背后离不开这些年苏州博物馆对很多新兴技术手段的采用，以及重点文物高清图像采集、三维数字化扫描的开展。信息部门做出的全面、系统化的数字信息采集与记录让策展团队获取到了文物更加真实、全面的形态特征，以便让观众更加立体化、深层次、全方位、近距离地进行艺术欣赏和体验，使不可移动的文物突破物理空间限制，通过互联网和移动终端实现资源共享，更好地实现让文物"活"起来。

1.云观博

博物馆二楼特展——"罗马：城市与帝国"，将来自西方的雄伟的雕塑、沉默的石碑展现在观众眼前，苏州博物馆联合苏州和云观博数字科技有限公司（云观博）为此次特展推出了最新的 AR 沉浸式文物互动技术，观众可戴上 AR 眼镜来欣赏大英博物馆藏古罗马精品文物所讲述的故事，全新的观展方式让观众能够与遥远的罗马文明近距离接触，体验跨越了时空的奇妙相遇。

2.立体展示

多媒体技术的应用能更好地丰富展览内容、明确展览主题，使得展览的维度更深更广，进而提升观众的体验感与参与性。西馆在展陈设计中充分运用数字化动态展示的形式，综合静态陈列与动态叙事，在文物向展品转化的过程之中生动诠释其背后蕴含的故事，增强了展陈的叙事能力，展示了文物的内涵和意义，使参观者获得丰富的观览体验，实现了博物馆展陈的艺术价值与社会功能（表6-1）。

表6-1　展览辅助展品清单

序号	名称	类型	数量	作用	版块
1	柜内氛围投影	多媒体·投影	6	活态呈现展品纹路或意境，烘托展柜氛围	雕玲珑绣华彩
2	琢玉图动画	多媒体·投影	1	补充说明传统玉雕制作工艺	雕玲珑
3	核舟记动画	多媒体·显示屏	1	补充说明核雕文化信息	雕玲珑
4	花前月下展柜布景	艺术品·景窗	1	营造团扇展示空间	雕玲珑
5	姑苏繁华图镂雕	艺术品·金属雕刻	1	营造苏州街巷氛围	琢绮丽
6	阊门盛景透明屏	多媒体·透明屏	1	营造苏州街巷氛围	琢绮丽
7	紫金庵泥塑画屏	多媒体·画屏	1	展示不可移动的泥塑文物	琢绮丽
8	古琴互动	多媒体·触摸屏	1	体验古琴演奏	琢绮丽
9	榫卯互动游戏	多媒体·触摸屏	1	直观认识、了解苏作家具结构	琢绮丽
10	御窑金砖制作工艺动画	多媒体·显示屏	1	介绍御窑金砖制作工艺	琢绮丽
11	金石之声交互体验	艺术品·实物	1	敲击聆听金石之声	琢绮丽
12	明式圈椅（榫卯结构组合）	艺术品·工艺品	1	明式家具现代演绎	琢绮丽
13	微缩缂丝机、工具与动态演绎	艺术品与多媒体	1	解读缂丝技艺	绣华彩

（三）永不落幕的展览

　　与以往"身体力行"的文化生活与旅游出行方式不同，近年来不断发展的数字技术将之前或"遥远"或"短暂"的博物馆展厅以全新的方式与形态收入云端，让那些被在地保护或收藏进玻璃盒子中的珍贵遗存与记忆，以另一种更加鲜活的方式与人们互动。

　　面对新技术、新变化，苏州博物馆西馆自然不落人后，积极寻求创新。在计划搭建虚拟展厅之初，就针对西馆的建筑及展厅范围内的地面、空间进行三维实景数字化采集与建模，利用三维数字化技术真实还原展览面貌，有效突破了时间与空间上的限制，打造出一组永不落幕的展览，满足了观众足不出户便可"云逛展"的文化生活需求。

　　与过往简单的"图片＋文字"线上展览不同，西馆全新升级的虚拟展厅还具备了全自动智能导览、地图导览（图6-4）、场景导览、交互热点等功能。苏州博物馆西馆虚拟展厅共包含82个场景，109个交互热点。在菜单界面，线上观众选择一键打开地图模式，便可以直观清晰地知道自己当前所处位置和参观进度，了解展厅核心文物以及知识点的分布情况，选择自身更感兴趣的单元场景进行沉浸参观，进而达到更好的线上参观学习效果。

　　单元场景之中还分布有若干交互热点（图6-5），点击这些热点，可在网页上获取展品相关图片、文字等多媒体信息，针对部分"明星展品"博物馆还专门录制了讲解语音，帮助观众更深入、更多元、更全面地了解展览精品文物信息。

　　为了让不同渠道的观众都拥有流畅的线上参观体验，苏州博物馆特地针对PC端、移动端平台进行了页面适配以及兼容处理，这一举措有效提升了苏州博物馆线上展览数字化展示水平，给观众带来了全新的线上云游体验。

图6-4　虚拟展厅地图导览（上）

图6-5　虚拟展厅交互热点（下）

二、造物：在博物馆贩卖美和时光

博物馆并非只是陈列馆，文物是带着历史精魂的线索，文创则是可以随身携带的历史。

苏州是吴文化的发源地和集大成者，丰富的传统文化、深厚的历史底蕴和如诗如画的风景为文博文创提供了得天独厚的文化源泉。园林、苏绣、丝绸、苏扇、吴门画派、评弹、昆曲、水乡等文化元素，是彰显苏州古城独特文化魅力、对外弘扬优秀传统文化的重要名片。

"在博物馆贩卖美和时光"，是苏州博物馆各家门店的主题语，也是文创部门一以贯之坚守的运营理念。文创部门希冀通过自身不懈努力，能够以传承历史文化为基础，倾心诠释并打造出与传统相合、与生活相生的文创产品，用原创和匠心传递历史背后的精致与悠长，让观众感受到蕴含在各类文创产品中的历史时光之美。截至 2023 年 12 月，苏州博物馆西馆文创销售收入已达 9000 万元，喜人成绩的背后离不开苏州博物馆文创团队的辛勤付出。

为了配合西馆运营，给观众带去更多具备西馆特色的文创产品，苏博文创团队同步推进自身工作，系统学习展览大纲内容，重新梳理馆藏相关文物资源，选取与苏州博物馆本馆不同的文物和主题，结合西馆基本陈列"纯粹江南"和"技忆苏州"，提炼出昆曲百折、大明首辅等研发主题，针对展览的观众群体定位，特别研发了 202 款全新的文创产品，以使展览文创产品呈现出不同于前的面貌。

除此之外，文创团队在深挖本土文化的基础上更进一步，放眼全球范围，甄选优质设计品牌，将其吸纳进西馆的文创产品序列之中，让来自江南和世界的文创设计同台展呈，为来到西馆的观众们展现"各美其美，美人之美，美美与共，天下大同"的人文理想。

（一）传承文脉·融入生活

　　从文徵明的紫藤到贝聿铭的建筑，苏州博物馆文创团队多年来深挖苏博文化，已开发了一系列文创商品。适逢西馆开幕，为了在已有基础上呈现差别，体现两馆在定位上的不同，文创团队选择从金石文物、苏作经典、文人书画等内容进行延伸，以精心的设计让文创传承江南文脉，融入万千观众的日常生活。

　　吴王夫差剑（图6-6）作为极具吴地文化代表性的重点文物，成为文创团队重点关注的第一个目标对象。在西馆开馆之后，文创团队便持续在苏州博物馆文物IP——春秋吴王夫差剑基础上推出关于宝剑的文创产品。文创设计师通过放大、柔化、圆润等手段，重新设计夫差剑的形象，保留剑身的铭文和剑柄的细节，将一柄古老且精美的青铜兵器再创作为一把可爱且俏皮的毛绒"胖宝剑"。文创团队在此基础上继续发力，构建出一整套吴王夫差剑周边文创产品的设计线，器型上分为正常款、迷你款和超大款（图6-7、图6-8、图6-9），品类上还衍生出手机气囊支架、耳钉，等等。

　　"吴钩重辉"系列文创一经推出便赢得了线上线下市场的一致欢迎，取得了令人欣喜的成绩。其中吴王夫差剑单品单月线上销量超2.9万个，单品销售额达113.1万元，成为苏州博物馆单月销量最多的文创产品，天猫和小红书等网络平台中的好评源源不断。

　　吴王夫差剑毛绒玩具之所以能成为爆款单品，应归因于文物高辨识度的IP和文创团队持续的内容输出，这两点共同塑造出具有人格化和价值内涵的"吴钩重辉"品牌形象，进而吸引消费者开展互动并与之建立起深层次的情感连接，以此获得品牌信任和精准流量，最终构建出一个庞大的系列文创生态圈。

图6-6 苏州博物馆藏吴王夫差剑（上左）
图6-7 吴王夫差剑毛绒玩偶迷你款（上右）
图6-8 吴王夫差剑毛绒玩偶正常款（下左）
图6-9 吴王夫差剑毛绒玩偶超大款（下右）

图6-10 绣绷冰箱贴（上左）
图6-11 琴鼓丝弦发夹（上右）
图6-12 那时花开木刻年画玻璃杯套装（下）

在此之外，西馆艺术品商店货架之上还摆放着一系列不见于本馆商店、独具江南气息的文创产品，例如以苏绣为灵感设计的绣绷冰箱贴（图6-10）、基于馆藏乐器小摆件创作的琴鼓丝弦发夹（图6-11）、带有桃花坞木刻年画元素的那时花开木刻年画玻璃杯套装（图6-12），等等。

这些文创产品的设计灵感均来自基本陈列"技忆苏州"中的明星展品，文创团队选择将经典的玉雕、木刻、桃花坞木版年画、刺绣等江南文化元素结合现代设计语言进行再创作，这样，观众在展厅中观赏完"技忆苏州"陈列之后，还能将回忆带回家。重要的是这些文创产品在高颜值属性之外，还能在观众的日常生活之中发挥真真切切的实用价值，让文创产品在多种场景实现物有所值，帮助博物馆实现展览宣传和教育功能的延伸。

（二）全球选品·取艺西东

为打造"博物馆内最后一个展厅"，西馆艺术品商店拓宽视野，全球选品，取艺西东。在呈现由吴地文物延伸创作的文创产品的同时，更甄选全球范围内传承、创新之典范设计，采撷野蛮生长、焕发新生力量的独立品牌。

这一大胆改变拓展了博物馆"文创"的边界，展示出更多新的可能。参观西馆的观众会惊讶地发现商店中许多品牌是首次引进苏州，从工艺到创意，从设计到品类，都让他们对"文化创意"的想象一再延伸。当视野从江南拓展到九州，再到瑞典、德国、法国、荷兰、日本……西馆艺术品商店以独特的方式让观众发现，其实每一种文明都具有令人惊叹的传承跨度和创作活力。

为了呼应苏州博物馆与大英博物馆合作的交流展览，一系列古文明主题的展览限定周边（图6-13）也同期面世。文创团队将目光聚焦在展品中的重点文物及经典古罗马、古希腊意象上，提炼核心元素进行艺术再创作，衍生出各种生活好物，开启文明交流的另一种叙述方向，将文物背后不为大众熟知的故事生动呈现。可以说，文创产品是以一种更为细腻的方式，让观众有机会与古老文明进行对话。

图6-13　限定周边专柜

　　除了艺术品商店，西馆内的其他区域也有文创的身影。团队在国际合作馆展厅外专辟有一块方形场地，用以运营快闪店（图6-14）。快闪店的主题与国际合作馆举办的展览高度关联，形式设计上也借鉴了相应文明建筑特征，营造出鲜明的域外风格。

　　快闪店位于国际合作馆的出口处，观众刚刚步出尾厅，还沉浸在展览的余韵之中，看到快闪店中设计精美且与展览主题高度相关的文创，往往欣然买单。此外快

图6-14　苏州博物馆西馆快闪店

闪店中还设置有专门的打卡区域,用于打卡的图版内容与展厅中文物遥相呼应,观众纷纷拍照留念,并分享至微博、小红书等网络内容平台,帮助博物馆进行二次宣传。

　　苏州博物馆西馆咖啡厅以"糸"为名,"糸"字义为"微小",它的甲骨文字形一端似无限符号"∞",又像丝绞,另一端又似丝缕,微微散开。运营团队希望以小见大,引领观众从无限中探寻未知。为此,西馆团队精心研发文创餐品（图6-15）,把文物中承载的历史文明与摩登咖啡文化交织,尽力打造一处博物馆内的舌尖实验场。

图6-15　苏州博物馆西馆研发的文创餐品（组图）

图6-16　花窗系列首饰—花窗耳钉

（三）文创产品示例

1.花窗系列首饰

西馆基本陈列的空间设计中大量运用了苏州古典园林的花窗设计，苏式花窗极富雅意，是苏州独特的一种艺术门类，以画为境，咫尺之间，搬山移水，是园林的点睛之笔，体现了苏州文人园林文化，花窗之下更常是游客驻足留影之地。一扇窗，一幅画，就是一段人文故事。

以各式花窗为设计元素，苏州博物馆的花窗系列首饰将漏窗之美巧妙地结合到产品外形设计之中，于无形之中将苏式文人情怀赠予游客。耳钉、项链、手镯等首饰物件，既精美绝伦又妙趣横生，让佩戴者心情愉悦。其中，最小的一款耳饰（耳钉）是一对花窗型耳钉（图6-16），材质为铜镀16K金，耳钉针的材质为925银镀金，配饰为直径约0.5cm的淡水珍珠。金属材质精工细琢，搭配温润珍珠，清晰雅致，整个耳钉的重量仅1.6g。设计者还加入了巧妙别致的设计，小小的耳钉可两用，既可完整佩戴，亦可取下"花窗"，单独佩戴珍珠。耳饰结构更加灵活，佩戴者可根据场合、服饰搭配及发型等进行挑选佩戴，视觉效果更加丰富。

图6-17 《大明首辅日记》套装

2.《大明首辅日记》套装

这是一套以登上《国家宝藏》的苏州博物馆文物明式木椅为设计灵感的文创产品（图6-17），该套微缩家具目前陈列于"技忆苏州"展览中的家具厅。《大明首辅日记》是一本在翔实史料基础上打造的历史手账，以第一人称讲述大明首辅王锡爵的喜怒哀乐，重现大明首辅的传奇；《大明首辅之椅》用榫卯拼插复刻明式家具文物，让人在动手拼装过程中感受古人的智慧，探究首辅之椅的意味。潮流的设计结合底蕴丰富的文物，寓教于乐。

3.莲蕊香尘项链

此系列香囊吊坠灵感来源于"技忆苏州"展"雕玲珑"展区的一件馆藏清代碧玉花卉香囊，其造型精美绝伦，设计巧妙，工艺复杂，纹饰寓意美好。此款项链（图6-18）的香囊吊坠对原文物进行了巧妙的复刻，立体的囊身采用了古法花丝工艺，镂空的荷花荷叶纹及卷草纹层层勾勒，复古传神。底部坠有流苏，整体大气灵动，可作为毛衣链使用，亦可用作日常把玩、车挂等。

图6-18　莲蕊香尘项链

4.花语江南香氛纸花香氛摆件

　　摆件装饰是家中不可或缺的灵魂角色之一，忙碌的都市生活往往会让人忘记感受自然的美好。此款香氛摆件（图6-19）设计灵感来源于"技忆苏州"展"绣华彩"单元中的馆藏刺绣花鸟图件，元素提取自画面中的翠鸟花木，即香氛纸花无须浇水和打理，不会凋谢，使用便捷。将这些摆件放置于家中，对其匆匆一瞥，色彩即尽收眼底，让人于淡雅香气萦绕中放慢步调，享受片刻舒适与宁静。

5.吴地晨晖新石器冰箱贴

　　在思考"人气文创"小花器冰箱贴的二代产品时，我们把追寻历史的眼光投向了更远古的时期，选取馆藏文物中具有地域特色的新石器时代陶器，述说史前文明的故事，传递古物的朴拙之美。冰箱贴（图6-20）精致小巧，用途多样。可将远古文明带回家，打造自己的专属小展厅。

6.昆曲百折鲁智深多功能摆件

　　设计元素提取自清代李湧所绘《昆剧册》（之一），在使用不同的表达方式再现人物形象的同时，保留了文物细节。摆件（图6-21）造型诙谐幽默、线条简约流畅，是装饰桌面的好物。摆件功能多样，既可以当便签夹，记录下时光的碎片；也可以用作万年历，实用灵活不受限。可爱的摆件陪伴你的温暖时光，愿你看到就会心一笑。

7.白玉大象解压玩具

　　它（图6-22）的灵感来源于"技忆苏州"第一展厅的明星展品清乾隆白玉大象，设计时使大象的造型更加圆态化；大象臀部的小孩作上爬姿势，神态怡然自得。"象"与"祥"同音，有着"太平有象""吉祥平安"的寓意。

图6-19　花语江南香氛纸花香氛摆件

图6-20 吴地晨晖新石器冰箱贴（上）

图6-21 昆曲百折鲁智深多功能摆件（中）

图6-22 白玉大象解压玩具（下）

三、化雨：以文化人引领城市风尚

乔治·布朗·古德作为博物馆学界"以观众为中心"运动的先驱和最具创新精神的思想家之一，强调"任何一个国家、城市或是省份的文明程度都在其公共博物馆的特点以及其维护的投入程度中得到了体现"。作为江南文化的保护者、研究者及传承者，苏州博物馆勇于担当，不断探索社会教育的新模式、新方法。在"一个博物馆就是一所大学校"的指导思想下，在西馆设计之初，苏州博物馆团队就在思考如何突出博物馆的教育功能，为此不仅策划了针对3—12岁儿童的探索体验馆，还努力打造"@苏博"系列品牌活动，为全年龄段观众构建博物馆学校，让观众在开放式、互动式、探索式的体验中了解苏州，放眼世界。

（一）"@苏博"系列品牌活动

苏州博物馆"博物馆学校"以非正规教育和终身教育为主题，以吸引观众多次走进博物馆为主要目的，力求做到"全年龄覆盖、全人群覆盖、全内容覆盖"，希望每一位走进苏州博物馆的观众都能在这找到自己的兴趣点。

要想实现这一目标，必须面对广泛的观众群体，这对博物馆的教育工作提出了多样化、个性化的要求。于是，苏州博物馆社会教育团队前期对博物馆受众进行细致分析，根据不同受众类型去创新博物馆的教育工作形式，对博物馆教育资源进一步合理配置，为观众提供更契合且优质的服务。

西馆延续了"@苏博"教育品牌,策划推出分众化社教课程,结合展览中的文物内容,组织开展专题导览、课堂教学、手工制作、展厅打卡、专题研学等多种形式的活动。既有面向儿童和青少年的"乐学@苏博""探索@苏博",也有面向全年龄的"书香@苏博""节日@苏博",像这样的主题,苏州博物馆一共设置了12个,实现了不同年龄、兴趣和人群的博物馆教育全覆盖(表6-2)。

表6-2　"@苏博"教育品牌一览

序号	活动名称	教育特色	序号	活动名称	教育特色
1	聆听@苏博	讲座、音乐会、故事会	7	书香@苏博	特色古籍和文博图书
2	艺术@苏博	苏州博物馆各类展览	8	节日@苏博	中国传统节日和重要庆典节日
3	印象@苏博	苏州博物馆建筑特色	9	技艺@苏博	苏作技艺
4	乐学@苏博	导览、现场教学、手工体验	10	探索@苏博	展教结合、互动体验
5	对话@苏博	主题沙龙活动	11	姑苏@苏博	苏州本土地域文化
6	悠游@苏博	分众化地组织旅行	12	世界@苏博	世界文明起源与演进

(二)馆校合作课程/活动

作为公共文化服务机构,苏州博物馆始终坚持"以文化人,以文育人"的理念初衷,以文物之美唤起民众对中华优秀传统文化的认同感,深入贯彻落实教育部、国家文物局《关于利用博物馆资源开展中小学教育教学的意见》文件精神,积极开展馆校互动,把丰富的馆藏资源和新颖的课程带进学校。通过融合教学,让学生足不出校就能感受苏州2500年历史的文化底蕴和江南文化的独特魅力。

图6-23 苏州博物馆赴苏州市盲聋学校开展"触摸文物"课程

1.馆校结对共建

在西馆成立后不久，苏州博物馆便与周边学校开展结对共建合作，探索博物馆教育与学校教育融合发展道路。苏州博物馆在此过程之中，针对目标学校特点，开发更多符合青少年实际需求的文博课程和活动，带动孩子们去了解文物、亲近历史，进而感知传统文化和中华文明。

苏州博物馆在设计馆校合作课程之时，也没有忽视推进公共文化服务的均等化。从幼儿园到小学，从中学到特殊学校，课程对象均有覆盖。

特殊学校：苏州博物馆赴苏州市盲聋学校开展文博课程（图6-23）共计5次，包括触摸文物课程——"陶瓷的诞生、成长与发展"3次和"小小建筑师"课程2次。

课程团队根据学生特点，结合馆藏文物，综合运用多种教学方式，让学生们通过近距离接触文物，感受博物馆之美。

幼儿园：苏州博物馆教育员赴苏州外国语学校吴中校区附属幼儿园开展了题为"文明参观　从我做起"的礼仪课程活动。该课程以博物馆参观礼仪为核心，由认识博物馆、走进博物馆、博物馆参观礼仪、完成参观宣言四个环节组成，取得了良好的教学效果。

中小学：教育员在西馆新建成的探索体验馆"小小考古学家"区域以直播连线的方式参与了草桥中学初一年级历史课教学活动。教育员在展厅现场向同学们介绍了苏州博物馆西馆的基本情况以及考古工作的基本流程，并展示了考古沙坑现场。这是苏州博物馆第一次与学校进行线上教学互动，也是馆校合作的新尝试。

2.成立教育联盟

在积累了前期馆校共建的成功经验后，博物馆团队以更高的热情投入打造苏州博物馆教育联盟事业之中。在2023年，苏州博物馆与十所学校达成合作共识，确立为教育联盟首批成员单位，覆盖从学前教育至高等教育的各个学段，旨在深度融合博物馆文化资源和学校教育资源，共同探索和研发教育项目，向社会公众推出更高质量的博物馆教育服务。

考虑到博物馆有内容资源，但缺乏教育人才，在地学校有教育经验，却缺乏知识储备，苏州博物馆着力推进种子教师的聘用培训工作，与有志于博物馆教育的青年教师合作，进一步提升馆校合作的可操作性和可推广性。

伴随苏州博物馆教育联盟的成立（图6-24），我们打开了馆校合作工作新局面，也迈出了苏州博物馆"博物馆学校"建设的坚实一步。今后，我们将进一步整合教育资源，积极推动联盟成员间的联络与交流，全力以赴把联盟建成一个有影响力的、可持续发展的、良性互动的教育资源共享平台，为推动实现"构建服务全民终身学习的教育体系"和"学习型社会建设"贡献博物馆的力量。

图6-24 苏州博物馆教育联盟正式成立

（三）文藤花开 志愿宣讲

　　一颗小小的文藤种子，经由雨水的浇灌，便能生长出如烟如雾的紫色云霞，润泽出一派朦胧清丽的江南风情。苏州博物馆志愿服务团队借这诗情画意之景，将自己的系列服务项目取名为"文藤花开"，正是希冀团队能化身烟雨去浸润广大公众心中的文化种子，以待未来花开之时。

　　自启动以来，"文藤花开 志愿宣讲"项目在全社会上形成了巨大的品牌效应。2022年9月，苏州博物馆"文藤花开 志愿宣讲"服务项目成功入选中宣部志愿服务促进中心和国家文物局博物馆与社会文物司联合主办的"喜迎二十大 强国复兴有我——青少年中华文物我来讲"博物馆志愿服务优秀项目。10月，该项

图6-25　志愿者提供讲解服务（左）
图6-26　苏州博物馆文化社区行活动（右）

目入选江苏省文物局、江苏省文明办评选的 2022 年度江苏省博物馆志愿服务十佳案例。12 月，该项目在国家文物局、中央文明办联合组织开展的"首届全国博物馆志愿服务典型案例征集推介活动"中被评为典型案例。

苏州博物馆"文藤花开 志愿宣讲"服务项目立足"请进来、走出去"两大法宝，与时俱进，不断开发新内容，探索新形式，充分挖掘苏州博物馆品牌价值，不断提升博物馆社会教育功能，成为苏州文化传承、文化引领以及树立文化自信的一面旗帜，构建起由馆内志愿讲解和基层社区宣讲两部分组成的立体化社会教育体系。

在馆内志愿讲解方面，组织系统化的志愿者培训，以展览框架、重点文物为核心，加深志愿者对展览主题的把握，特别是对展览所反映的苏州历史、文化、苏作技艺的理解，通过考核的志愿者成为志愿社的正式成员。在展厅引导、展览讲解、社区宣讲、社教服务等多个岗位充分发挥志愿者的参与性和积极性，让志愿服务的力量融入西馆运营的全过程（图6-25）。

在基层社区宣讲方面，苏州博物馆开始探索开展苏州博物馆文化社区行，这类活动（图6-26）以苏州博物馆西馆常设展览为基础，配合馆方各类特展"送展到家"；

2021年度适逢西馆正式向公众开放，志愿服务团队举办了7场"苏州博物馆西馆宣讲"，主要面向苏州博物馆西馆所在的苏州高新区下辖各社区、企事业单位和学校。苏博志愿社讲师团成员先后走进苏州高新区管委会、万都底盘部件厂、苏州刺绣艺术馆、苏州海关驻虎丘办事处、新升社区、苏州科技城工会、东渚街道等单位，面向基层企事业单位工作人员、一线产业工人、手工艺人、社区居民、暑托班孩子宣讲介绍新落成的苏州博物馆西馆的设计、展陈和展览特色，取得了良好的社会反响，极大提升了苏博西馆的知名度和观众对苏博西馆的参观热情。

"文藤花开 志愿宣讲"服务项目为挖掘好、利用好、宣传好苏州博物馆优质资源，多层次、多维度、全方位、协调统一地发挥博物馆社会教育功能，起到了不可替代的作用，成为苏州博物馆社教服务一支不可或缺的重要力量。"树高万丈勿离根，花开千层勿离心。"蕴藏在团队中的志愿服务精神，恰如名称的由来——苏博那株文徵明手植紫藤，经由春风化雨，蒙茸一架，自成芳林。

纯粹江南
技忆苏州

Pure Jiangnan
Memories of Suzhou Crafts

结 语

都道姑苏好　此地最江南

　　"立江南，观世界，藏天下。"

　　《中国国家地理》在苏州特辑中对当下苏州不吝溢美之词，"直到今天，苏州仍然意味着中国式的诗意栖居地。她不是宫墙高耸式的野心抱负，亦不是田园牧歌式的隐遁逃离——苏州是文人气息与商贸传统的奇妙混合体。她的哲学，是允许你享用世俗生活最美好的便利，同时亦能拥有精神世界的充盈"。而苏州博物馆西馆的出现，为所有倾慕江南的游客和生长于斯的市民共同打造了一座体悟江南的"记忆之宫"。

　　作为苏州城市文化的载体、长三角地区重要的文化地标，迎接公众与社会的评价是苏博西馆建成开馆后必须面对的考核环节。而评判一所博物馆是否成功，不仅要看其馆藏文物数量的多少，对历史文化的阐释是否到位，还要看其究竟在多大程度上融入了人们的日常生活、是否满足受众的实际需求。这种由"物"向"人"的路径转变，也正是新时代中国博物馆事业最鲜明的特征。

　　基于此，博物馆管理者在运营过程中应时刻关注观众对于博物馆的评价及具体需求。近年来，随着互联网媒体的持续发展及博物馆互动机制的完善，观众在参观博物馆后，往往选择主动在网络平台或馆方留言簿上留下所思所想以及对博物馆的具体评价，这一行为所产生的文本数据具有很强的针对性、时效性，往往反映出观众对于博物馆最真实的体验感知。

　　可喜的是，苏博西馆在正式运营的短短两年时间内，收获了如潮的观众好评（图7-1）。策展运营团队欣喜地察觉到观众们能在全新的博物馆中观有所得，学有所获。

图7-1　苏州博物馆西馆观众反馈（组图）

　　如果说2006年的苏州博物馆是以大师手笔绵延传承姑苏千年文韵，那么15年后，苏博西馆则是选择用"巧思"和"笃行"赢得观众的青睐和认可，助力苏州博物馆实现高质量发展的生生不息。

　　所谓"巧思"，是指在西馆基本陈列设计中始终穿插着科学的谋划思考和恰当的形式设计，通过"纯粹江南"和"技忆苏州"两大部分共同回答好"何以江南"的文化命题。而反观"拙劲"，则是在于不断强化博物馆"以观众为中心"的初心和韧劲，扎扎实实在展前、展中、展后三阶段为观众做好阐释服务，精准传达"江南文化"核心内容。

　　一个正确、清晰且提纲挈领的陈列展览主题立意能很好地帮助博物馆讲好独属于自己的文物故事。苏博西馆在筹备之初便认识到主题立意之于博物馆的重要性，

明白当下博物馆观众早已厌倦了百科全书式的内容说教和千篇一律的形式设计。为此，西馆陈列策划团队将系统展示以苏州为代表的江南文化、以苏作为代表的中国工艺作为自身主题立意，在之后所有业务环节都紧紧围绕该主题展开。

讲述历史贵在求真，"以文物为依据，以史实为准绳"是策划基本陈列的基本准则。为了讲好江南故事，策展团队做了大量的藏品梳理和研究整合工作，逐一目验、遴选库房文物，高质量实现由"藏品"向"展品"的意涵转化，让长期不为人识的藏品借此机会展现在观众面前。在考古发现和学术研究的支撑下，串联展品进行组合叙事，营造意象空间，打通古今，唤醒观众对江南审美的集体记忆。

同时，于细微之处见真章。西馆在基本陈列的策划过程中精心设计，将形式设计与文献梳理、藏品研究、文物保护、科技体验有机结合，五位一体，融入苏式美学元素，共同实现文物的立体展示。此外，在陈列展览内容和形式设计完成之后，丰富多彩的社会教育活动和匠心独具的文化创意产品赋予展览新的生命，继续延伸博物馆的边界，用多样的形式引起观众对文物、文化遗产的重视与思考，激发公众的家国情怀。

得益于这巧思笃行，苏博西馆最终在全新的博物馆馆舍中完成了对江南文化记忆的空间构建，在陈列中巧妙地融合人文传统与工匠精神，实现了古为今用、与时俱进的价值追求。正是在这鲜明的主题立意、精彩的组合叙事、适宜的形式设计、广泛的社会传播四大核心要素的共同促成下，"纯粹江南　技忆苏州"基本陈列获得了业界内外的一致认可，最终斩获 2022 年度全国博物馆十大陈列展览精品奖。

但荣誉只为见证，成长才是本质。纵观苏州博物馆发展历程，就像是一场持续 60 余年的可持续性尝试：物质需求的满足势必为城市带来文化需求的增加，苏州博物馆也随着时代需求从忠王府延伸到了苏州博物馆本馆，又来到苏州博物馆西馆。随之发生改变的是馆舍面积的增加、展陈技术的迭代、服务能

级的提升，但始终不变的是对江南文化的坚守和传承，正如那三馆中皆可遇见的紫藤，老干虬枝，花开绵延，为所有热爱江南的观众展现文化生活的美好。

西馆的建成开放为苏州博物馆锤炼出一支巧思能干的策展运营团队，同时也将其带入了一个新的发展时期。时至今日，苏州博物馆已不是简单的一家社会文化机构，它已然成为了解过去的窗口，也是打开未来的钥匙，更是苏州和世界沟通的桥梁。"立江南，观世界"，苏州博物馆正站在更高处、望向更远处，挖掘潜能，创新举措，继续探索符合自身特色和定位的博物馆高质量发展之路。

对历史最好的继承，就是创造新的历史。在苏州博物馆西馆中，在"纯粹江南技忆苏州"基本陈列里，江南文脉的汩汩清流已从岁月深处奔涌而来，正汇入中华民族的精神之河，浩浩汤汤，奔向未来。

后　记

　　2023 年年底，《中国博物馆陈列展览精品·策展笔记》（第一辑）正式出版，获得了社会上的广泛关注和报道。它以第一人称的视角进行叙述，系统梳理了近年来全国博物馆优秀陈列展览的策展经验，已成为中国博物馆策展标杆性丛书。苏州博物馆很荣幸能够成为第二辑撰写单位之一。

　　本书以"纯粹江南　技忆苏州——苏州博物馆西馆基本陈列"为依托，详尽阐述了展览从构思到落地的全过程，字字句句皆源自展览一线人员的实践，是对苏州一万年历史文化的又一次深情回望与前瞻探索，也是对三年策展工作的一次深刻的梳理与总结。自 2018 年成立西馆筹建小组以来，同仁们同心合力，共克时艰，积极推进各项工作。在这三年多的筹备展览的过程中，团队经历了策展理念的萌发、设计思路的锤炼、实施细节的打磨以及开展后的持续反思与总结，不仅提升了策展团队的整体能力，也见证了他们从稚拙到成熟的成长历程，并为苏博培养了新的中坚力量。值得骄傲的是，尽管新冠疫情曾带来了诸多不确定因素，但在大家共同努力下，西馆最终得以如期呈现，并且实现了展览落地效果与前期设计效果图的"copy 不走样"，这要归功于策展团队在策划和实施过程中对每一项细节的把控与跟进。

　　我们期望，这本策展笔记不仅能为业内同仁在策划地方通史展览时提供有益的借鉴，也能为广大观众开启一扇了解博物馆幕后工作、感受江南文化魅力的窗口。本书编撰的顺利推进，得益于全体同仁的齐心协力。全书由谢晓婷负责统稿，其中第一章、第七章由陈瑞近、谢晓婷撰写，第二章、第三章由李军、刘彬彬撰写，第四章、第五章由许洁撰写，第六章由吕文涛撰写。同时，感谢在苏州博物馆西馆建设中付出努力的所有苏博人，是 17 个部门的共同努力与协作，才有了苏州博物馆西馆美丽的馆舍与精彩的展览。

特别感谢中国博物馆协会刘曙光理事长，"策展笔记"系列丛书的问世离不开他的主持与推动。在本书的编撰过程中，我们还得到了浙江大学艺术与考古学院"百人计划"研究员毛若寒、浙江大学出版社陈佩钰等专家学者的大力支持与帮助。最后，谨向所有关注和参与本书出版的单位和个人致以诚挚的感谢！

由于时间仓促，书稿中难免存在一些疏漏不当之处，敬请业内专家与广大读者批评指正。